잠언의 아버지는 아들에게 이렇게 권고한다. "지혜를 얻으라!"(4:5) 그런데 지혜란 무엇이며, 우리는 어떻게 해야 지혜롭게 될 수 있을까? 『하나님의 지혜 안에서 걷다: 잠언』에서는 능숙하고도 매력적인 솜씨로 우리에게 잠언의 올바른 독서법을 알려 주면서 이 중요한 질문들의 답을 찾도록 돕는다. 나는 거룩한 지혜 안에서 자라 가기를 원하는 모든 이에게 이 심오하면서도 읽기 쉬운 책을 열렬히 추천한다.

- **트렘퍼 롱맨 3세**(웨스트몬트 칼리지 성서학 명예 교수)

우리 시대의 문화적 특징은 어리석음을 옹호하고 경축하는 데 있기에 성경의 지혜에 대한 좋은 안내자가 절실히 필요하다. 이 새로운 저서에서, 벤저민 퀸은 독자를 잠언의 세계로 능숙하게 인도하면서 바로 그 안내자의 역할을 적절히 감당하고 있다. 읽기 쉽고 매력적이면서도 풍성한 통찰이 가득한 이 책은 소그룹 성경 공부와 개인 묵상에 크게 도움을 줄 것이다. 여러분에게 이 책을 진심으로 추천한다.

- **레이 밴 네스테**(유니언 대학교 성서학 교수, 신학과 선교학부 학장)

경건한 지혜의 추구에 관심이 있는 이라면 누구든지, 형광펜과 볼펜을 손에 들고서 벤저민 퀸의 『하나님의 지혜 안에서 걷다: 잠언』을 꼭 읽어 보아야 한다. 이해하기 쉽고 명쾌한 방식으로, 이 성경의 가장 실제적인 책이 어떻게 예수님을 지향하고 있는지를 적절히 설명해 준다. 이 탁월한 저서는 교회의 소그룹이나 성경 공부 모임뿐 아니라 어리석은 세상 속에서 예수님을 좇아 살기를 원하는 모든 성도에게 큰 유익을 줄 것이다.

- **사라 질스트라**('복음 연합' 수석 작가)

잠언은 독자들에게 따스한 향수를 불러일으키기에, 여러 일일 묵상집에서 그 본문이 자주 활용된다. 그런데 사실 여러 난해한 격언들이 담겨 있으며, 그중 일부는 충격적이거나 아예 이해가 불가능하기까지 하다. 더욱이 서른한 장으로 구성된 그 책 전체의 신학적 비전과 시적인 스타일, 영리한 언어유희 등을 제대로 헤아리고 음미하는 이들도 매우 드물다. 이런 상황 속에서 출간된 이 책에서, 벤저민 퀸은 우리에게 두 가지 유익을 준다. 첫째, 잠언을 둘러싼 가장 난해한 질문들에 대한 학문적 연구 결과들을 적절히 소화해서 모든 수준의 독자들이 읽을 만한 매력적인 개론서를 집필했다. 그리고 둘째, 독자들이 잠언의 개별적인 격언들을 살피면서 즐거움을 얻는 동시에 그 격언들이 잠언과 성경 전체의 신학에서 갖는 위치를 적절히 파악하게끔 도움을 준다.

— 라이언 오도우드
(뉴욕주 이타카 '생명의 빵' 성공회파 교회 목회자, *Proverbs: The story of god bible commentary* 저자)

『하나님의 지혜 안에서 걷다: 잠언』은 우리의 영적인 민첩성과 균형을 키우는 일보다도 우리의 영적인 비전 자체를 바로잡는 일에 주로 관심을 쏟고 있다. 이 간결하면서도 통찰력이 넘치는 잠언 해설서에서, 벤저민 퀸은 우리가 하나님의 본성과 계획에 부합하는 방식으로 세상을 바라볼 수 있게 올바른 렌즈를 제시해 준다. 그는 그 과정에서 이른바 우리의 삶을 인도해 주는 '근본적인 관점'을 제시하며, 우리는 이 관점에 근거해서 그리스도의 빛 아래 숙련된 삶의 길을 걷도록 부르심을 입는다. 그분은 진정한 하나님의 지혜이신 동시에 세상의 빛이시기 때문이다. 그리스도와 그분의 영광스러운 빛을 아는 지식 안에서, 우리는 주님을 두려워하는 이들이 속한 생명의 길을 배워 가게 된다. 이들은 (지혜롭게도) 어리석음을 거부하고 의를 사랑한다.

— 케이스 S. 휫필드(사우스이스턴 침례 신학교 교무처장)

하나님의 지혜 안에서 걷다: 잠언
Walking in God's Wisdom: The Book of Proverbs

Copyright © 2021 Benjamin T. Quinn
Originally published in English under the title
Walking in God's Wisdom: The Book of Proverbs
by Lexham Press, 1313 Commercial St., Bellingham, WA 98225, U.S.A.
All rights reserved.

Translated and used by permission of Lexham Press.

This Korean Edition Copyright © 2024 by Jireh Publishing Company,
Goyang-si, Gyeonggi-do, Republic of Korea.

이 한국어판 저작권은 Lexham Press와 독점 계약한 이레서원에 있습니다.
신저작권법에 의하여 한국 내에서 보호받는 저작물이므로 무단 전재와 무단 복제를 금합니다.

하나님의 지혜 안에서 걷다: 잠언

Walking in God's Wisdom: The Book of Proverbs

하나님의 지혜 안에서 걷다: 잠언
Walking in God's Wisdom: The Book of Proverbs

벤저민 퀸 지음
송동민 옮김

초판 1쇄 인쇄 2024년 12월 19일
초판 1쇄 발행 2024년 12월 26일

발행처 도서출판 이레서원
발행인 문영이
출판신고 2005년 9월 13일 제2015-000099호

기획, 마케팅 신창윤
편집 송혜숙
총무 곽현자

경기도 고양시 일산동구 백석로 71번길 46, 1층 1호
Tel. 02)402-3238, 406-3273 / Fax. 02)401-3387
E-mail: Jireh@changjisa.com
Facebook: facebook.com/jirehpub

책값은 표지에 있습니다.

ISBN 978-89-7435-673-6 04230
ISBN 978-89-7435-500-5 04230 (세트)

신저작권법에 의해 한국 내에서 보호받는 저작물이므로 저작권자의 서면 허락 없이 이 책의 어떠한 부분이라도 전자적인 혹은 기계적인 형태나 방법을 포함해서 그 어떤 형태로든 무단 전재하거나 무단 복제하는 것을 금합니다.

14 일상을 변화시키는 말씀

하나님의 지혜 안에서 걷다

: 잠언

Walking in God's Wisdom
The Book of Proverbs

벤저민 퀸 지음
크레이그 바르톨로뮤, 데이비드 벨드먼 시리즈 편집
송동민 옮김

이레서원

"내 아들아 네 아비의 훈계를 들으며
네 어미의 법을 떠나지 말라
이는 네 머리의 아름다운 관이요
네 목의 금 사슬이니라"

(1:8-9)

목차

1장 잠언 서론 · 11

2장 지혜의 윤곽과 핵심 요소들 · 23

3장 지혜 – 세계관의 실마리 · 36

4장 주님을 향한 두려움 · 52

5장 지혜, 창조, 그리스도 · 77

6장 두 여인과 두 길 · 89

7장 지혜로운 여성과 남성 · 112

8장 세상에서의 지혜의 길 · 138

결론 · 161

부록: 잠언을 읽고 가르치는 일에 관한 조언들 · 163

추천 도서 · 170

1장

잠언 서론

"지혜를 얻으며 명철을 얻으라 내 입의 말을 잊지 말며 어기지 말라 지혜를 버리지 말라 그가 너를 보호하리라 그를 사랑하라 그가 너를 지키리라 지혜가 제일이니 지혜를 얻으라 네가 얻은 모든 것을 가지고 명철을 얻을지니라"_ 잠언 4장 5-7절

"지혜를 얻으라!" - 잠언에 대한 개인적 관심

나는 잠언 4장 5-7절을 처음 읽었던 때를 기억한다. 인쇄된 단어들이 그 페이지 바깥으로 생생히 뿜어져 나올 것만 같았다. 한 영어 역본에서는 7절 앞부분을 이렇게 옮겼다. "지혜가 으뜸이니 지혜를 얻으라"(HCSB). 하지만 안타깝게도 여러 성경의 번역자들은 이 본문에 담긴 세 가지 명령의 의미를 제대로 전달할 수 있게

느낌표를 삽입할 생각을 미처 하지 못했다. 실제 원문에서 그 명령들은 다음과 같은 식으로 강도를 더해 가고 있다. "지혜를 사랑하라!" "지혜를 취하라!" "명철을 얻으라!"

십 대 초기에, 나는 우연히 7절의 강조점을 깨닫고서 깊은 인상을 받았다. "지혜를 얻으라!" 그때 내게는 이 명령이 이미 친숙한 신약의 구절들, 곧 "하나님과 이웃을 사랑하라"나 "가서 제자 삼으라"와 같이 강력하게 와닿았다. 나는 이런 궁금증을 품었다. '지혜를 얻으라는 명령이 신약의 가장 큰 계명이나 대위임령만큼이나 강한 호소력을 가졌을까?'

이 일을 계기로, 나는 지혜의 본성과 역할, 그리고 그것이 세상과 특히 그리스도인들의 삶에서 어떻게 작용하는지를 더 깊이 헤아리기 위한 여정에 들어서게 되었다. 어린 시절에 아버지는 종종 우리 형제들에게 지혜로운 사람이 되어 현명한 결정들을 내릴 것을 권고하셨다. 한편으로, 나는 아버지의 말뜻을 어느 정도는 알고 있었다. 하지만 다른 한편으로, 지혜가 무엇이며 어떤 일을 하는지를 구체적으로 이해하고 표현하는 데는 어려움을 겪었다. 그리하여 이 일은 결국 성 아우구스티누스가 지혜를 어떻게 보았는지에 관한 박사 과정 연구로까지 이어졌다. 당시에 나는 이렇게 생각했다. '역사상 가장 영향력이 컸으며, 역사상 그 어느 신학자보다도 지혜에 관해 많은 가르침을 남긴 이 인물만큼 지혜의 본질을 잘 가르쳐 줄 이가 어디 있을까?'(나는 이 두 가지 사실이 결코 우연의 일치가 아니라고 본다.) 그리고 연구를 마친 지 여러 해가 지났지만, 나는 여전히 그 지혜의 물음에 깊이 매료되어 있다.

이제 나는 잠언 4장 7절의 "지혜를 얻으라!"는 명령이 성경의 더 잘 알려진 다른 명령들과 똑같이 중요하다는 사실을 확실히 믿고 있다. 그러므로 이 책에서는 지혜를 하나의 핵심 주제로 여기면서 그 관점 아래서 잠언 전체를 개괄해 보려 한다. 지혜가 무엇이고 하는 일은 무엇이며 그것이 잠언 전체와 성경의 다른 부분에 어떻게 연관되는지, 그리고 지혜가 모든 시대와 지역에 걸친 그리스도인들의 삶에서 중요한 비중을 차지하는 이유는 무엇인지를 다루어 볼 것이다. 물론 이런 과업들이 다소 과할 정도로 야심차다는 것을 안다. 하지만 지혜는 그만큼 우리가 관심 있게 살펴야 할 주제이다.

잠언에 대한 접근 방식

무엇보다도 잠언에는 "지혜를 얻으라!"는 온 인류를 향한 하나님의 초대와 부르심이 담겨 있다. 이 일은 그저 우리 마음에 내키는 대로 행함으로써 성취되는 것이 아니다. 오히려 우리는 주님을 경외하는 마음으로 각자의 여정을 시작하고, 모든 영역에서 그분의 뜻대로 행하는 삶의 길을 힘써 걸어가야만 한다. 이런 교훈은 마태복음 7장 24-27절에 나오는 예수님의 비유에서도 나타난다. 그분의 가르침에 따르면, 지혜로운 사람들은 곧 "이런 내 말들을 듣고 행하는" 자이다(ESV). 이들은 마치 견고한 바위 위에 집을 지은 자들과 같아서, 삶의 거센 폭풍우를 능히 이겨 낼 수 있다는 것이다. 그러나 어리석은 사람들은 예수님의 가르침을 듣고도 무심히 흘려버리고 만다. 그들은 마치 모래 위에 집을 지은 것과 같아서, 폭풍이 몰려올 때 그 삶이 산산이 흩어지고 만다. 그리고 잠언 역시 지혜의 교훈을 듣고 순종하라는 하나님의 동일한 부르심을 우리에게 전달한다. 곧 삶의 전 영역에서 부지런히 그분의 길로 걸어가라는 것이다.

이 책에서는 우리가 어떻게 잠언의 가르침을 좇아 하나님의 길로 걸어갈 수 있는지를 폭넓고도 간략하게 제시해 보려고 한다. 잠언의 첫 아홉 장에 담긴 여러 주제에 관심을 집중한 뒤, 31장 본문과 기타 실제적인 주제들을 다루어 볼 것이다. 이 접근 방식은 성경 전체의 빛에서 저자의 의도를 좇아 잠언을 읽고 경험하는 데 도움을 준다. 그 과정에서, 잠언의 전체적인 일관성과 통일성도 헤아려 볼 것이다. 이는 매일 잠언 한 구절씩 읽고 묵상해 나가는 식의 경건 서적들에서는 종종 간과되는 특성들이다.

> "잠언은 성경의 근본적인 지혜서로서, 그 안에 담긴 지혜의 기초를 우리에게 가르친다."
> – 레이먼드 C. 밴 르우윈(Raymond C. Van Leeuwen), "Book of Proverbs" in *Dictionary of Theological Interpretion of the Bible*(성경의 신학적 해석 사전)

성경에서 잠언은 하나의 독특한 장르를 이루기에, 여러 일반적인 해석의 접근 방식들로는 잘 파악하기 어려운 면이 있다.[1] 여러 학자에 따르면, 잠언은 주로 일종의 시로서 종종 의인화의 기법을 사용해서 핵심 주제들을 전달한다(9장에 등장하는 지혜로운 여인과 어

---

1 성경 해석의 개관을 위해서는 Alan J. Hauser and Duane F. Watson, eds., *A History of Biblical Interpretation series*, 3 vols. (Grand Rapids: Eerdmans); Gerald Bray, *Biblical Interpretation: Past and Present* (Downers Grove, IL: InterVarsity Press, 1996); Craig G. Bartholomew, *Introducing Biblical Hermeneutics: A Comprehensive Framework for Hearing God in Scripture* (Grand Rapids: Baker Academic), 113-250을 보라. 그리고 잠언을 비롯한 지혜 문헌에 관한 역사적 관점들을 살펴려면 Craig G. Bartholomew and Ryan P. O'Dowd, *Old Testament Wisdom Literature: A Theological Introduction* (Downers Grove, IL: InterVarsity Press Academic, 2011); Al Wolters, *The Song of the Valiant Woman: Studies on the Interpretation of Proverbs 31:10-31* (London: Paternoster, 2001)을 보라. 나아가서 지혜 문헌 장르에 관한 윌 카인스의 작업들은 유익하고 내게도 중요한 의미가 있으며, 그 한 예로는 다음의 글을 들 수 있다. Will Kynes, *An Obituary for "Wisdom Literature": The Birth, Death, and Intertextual Reintegration of a Biblical Corpus* (Oxford: Oxford University Press, 2019). 여기서 내 요점은 지혜 문헌의 장르 자체보다는 잠언의 독특성에 더 깊이 연관된다.

리석은 여인이 그 예이다). 그러나 잠언은 그저 하나의 시에만 그치지 않으며, 산문이나 (신약의 서신서에 담긴 것과 유사한) 직접적인 가르침, 그리고 풍자와 아이러니 역시 들어 있다. 나아가서, 잠언의 역사적인 맥락과 사회적 정황은 파악하기가 어려운 것으로 악명이 높다. 그리고 기이하게도, 그런 맥락과 정황은 대부분 중요하지 않게 여겨지곤 한다. 어떤 면에서는 잠언의 가르침이 특정한 시간과 장소를 초월해서 모든 시대와 지역에 적용 가능하기 때문이다.[2] 하지만 이와 동시에, 우리의 지혜로운 행동은 어떤 구체적인 시간과 장소의 특성을 제대로 분별하는 일과 깊이 연관된다. 그것이 바로 하나님께 속한 지혜의 본질이기 때문이다.

성경의 다른 책들을 살필 때는 역사적인 맥락을 파악하는 일이 꼭 필요하다. 이는 바람직한 해석의 기본 요소이며, 이를테면 올바른 성경 읽기의 첫 단계와도 같다. 그러나 잠언은 이런 측면에서 상당한 독특성을 띠므로 전통적인 성경 연구의 방법들이 잘 적용되지 않기도 한다. 물론 잠언이 비역사적인 문헌, 곧 어떤 역사적 맥락과도 관련이 없다는 뜻은 아니다. 그리고 잠언에서 인간의 역사가 등한시됨을 시사하는 것도 아니다. 실상은 그와 정반대이

---

2 Bruce K. Waltke, *The Book of Proverbs: Chapters 1-15*, New International Commentary on the Old Testament (Grand Rapids: Eerdmans, 2004), 50-55를 보라.

다. 성경의 지혜 문학 전반과 특히 잠언은 하나님이 그분의 창조 세계에서 행하시는 일들을 중요시하며, 이에 따라 각 시대와 지역, 그리고 인간 역사의 의미를 강조하고 있다.[3]

이와 동시에, 이처럼 독특한 책을 다룰 때는 그에 걸맞게 독특하면서도 책임감 있는 접근 방식이 요구되는 것 역시 사실이다. 곧 그 책의 내용과 문학적 양식을 민감히 살피면서, 성경 전체의 폭넓은 맥락과 가르침에 비추어 의미를 헤아려 나가는 방식이다. 다음 장에서 더 자세히 논하겠지만, 이것이 바로 잠언을 다루는 우리의 태도이다.

기록 연대와 저자

잠언의 기록 연대와 저자를 확정하기는 쉽지 않다. 오랜 세월에 걸쳐 다양한 지역에서 수집된 지혜(슬기로운 말들)의 모음집이기 때문이다. 솔로몬 왕은 그중 많은 부분의 저자 혹은 수집자로 인정되며(1:1; 10:1), 히스기야(25:1-29:27), 야게의 아들 아굴(30:1-33), 그리고 르무엘 왕(31:1-31)도 다른 부분들의 저자로 여겨진다.

나아가서 잠언은 여러 세기에 걸쳐 편집되었으며, 시기는 이르면 솔로몬의 시대(주전 10세기)부터 먼 훗날에는 알렉산더 대왕의

---

3 Al Wolters, *The Song of the Valiant Woman*, 15-29를 보라.

팔레스타인 정복 이후인 주전 330년에 이르기까지 다양한 가능성이 있다.[4] 그러나 정확한 연대 파악은 어려운데, 책 속에 역사적인 세부 사항들이 충분히 설명되어 있지 않기 때문이다.[5] 대다수의 복음주의 학자들은 잠언의 기록 연대를 비교적 이른 시기로 추정하며, 주전 10세기부터 5세기 사이의 어느 시점에 완성되었으리라고 본다. 또한 잠언의 내용에는 고대 이집트나 메소포타미아 지역에 존재했던 다른 전통과 문화권에 속한 지혜들 역시 통합되어 있는 것으로 보이며, 이 중 일부는 솔로몬의 시대 이전에 생겨났을 것이다.[6]

---

4 Raymond C. Van Leeuwen, *Proverbs*, The New Interpreter's Bible (Nashville: Abingdon, 1997), 5:21. 또한 Waltke, *The Book of Proverbs: Chapters 1-15*, 36-37을 보라.

5 Tremper Longman III, *Proverbs*, Baker Commentary on the Old Testament Wisdom and Psalms (Grand Rapids: Baker Academic, 2006), 23-26을 보라. (『잠언 주석』, CLC)

6 잠언의 지혜가 어떤 면에서 정통적이지 않다는 의미가 아니다. 기독교 전통 내부의 많은 인물(예를 들어 아우구스티누스나 C. S. 루이스)이 주장했듯이, "모든 진리는 하나님의 진리"(All truth is God's truth)이기 때문이다(그렇기에 다른 전통이나 문화권에서 발견되는 진리들도 하나님께 속한 것으로 여길 수 있다는 의미-역주). 따라서 우리는 특정한 가르침들에 관해 다른 문화권(때로는 다른 종교)에 속한 이들과 서로 동의할 수 있다. 다만 우리는 그런 진리와 이해를 유일하고 참된 창조주이신 여호와 하나님과 다시금 연관 지어야 한다. 고대 근동의 지혜 전통에 관해 더 많은 것을 살피려면, Richard J. Clifford, "Introduction to Wisdom Literature" in *Proverbs*, The New Interpreter's Bible (Nashville: Abingdon, 1997), 5:1-16; Roland

이 책의 개요

이 짧은 연구서에서는 지면 관계상 잠언의 여러 장과 구절들을 일일이 해설하기 어렵다. 대신에 잠언에 담긴 지혜의 본질을 살피고, 그 개념에 근거해서 다른 중요한 주제들을 다루어 보려고 한다.

이 책의 2장과 3장에서는 먼저 잠언에 담긴 지혜의 윤곽을 파악하고, 그것이 세상의 가장 중대한 문제들에 대한 참된 해답이 된다는 점을 논할 것이다. 여기서는 지혜의 핵심 요소들을 헤아리고, 그 격언들의 속성을 다루는 동시에 잠언이 성경 전체의 흐름에 어떻게 들어맞는지를 간략히 언급하려 한다. 이 장들의 논의는 잠언 10장 이후의 본문들에 나타나는 (전부는 아닐지라도) 여러 격언이 취하는 문제/해결 혹은 어리석음/지혜의 구조가 지니는 성격을 드러내 줄 것이다. 다음의 구절이 한 예이다. "악한 꾀는 여호와께서 미워하시나[문제 혹은 어리석음] 선한 말은 정결하니라[해답 혹은 지혜]"(15:26).

이어 이 책의 4-6장에서는 잠언 1-9장을 살피면서, 주로 지혜의 관점에 근거해서 '길'과 '지식', '창조'와 '창조주', '전통' 등의

E. Murphy, *The Tree of Life: An Exploration of Biblical Wisdom Literature* (Grand Rapids: Eerdmans, 1997), 151-75를 보라. (『생명의 나무: 성서의 지혜문학 탐구』, 성바오로)

핵심 주제들을 다루어 볼 것이다. 잠언 1-9장은 잠언의 다른 부분에 대한 중요한 토대와도 같다. 곧 이 본문은 잠언 전체의 서론 역할을 하며, 나아가서 다음과 같은 잠언의 전반적인 목적을 계속 이어 가고 있다. "이는 지혜와 훈계를 알게 하며 명철의 말씀을 깨닫게 하며 지혜롭게, 공의롭게, 정의롭게, 정직하게 행할 일에 대하여 훈계를 받게 하며 어리석은 자를 슬기롭게 하며 젊은 자에게 지식과 근신함을 주기 위한 것이니"(1:2-4).

그리고 이 책의 7장과 8장에서는 잠언 31장의 지혜로운 여인을 살핀 뒤, 9-10장에서는 잠언의 남은 부분에 있는 여러 실제적인 주제들을 다루어 볼 것이다. 이 책의 첫 여섯 장에서 파악한 잠언 전체의 틀과 핵심 주제들에 비추어 살필 때, 우리는 하나님 앞에서 지혜롭게 살아가는 일의 측면에서 삶의 가장 평범하고 일상적인 영역들까지도 매우 큰 중요성을 지닌다는 점을 인식하게 될 것이다.

▌ 잠언의 구조[7]

- 1:1-7 　　　　　서문
- 1:8-9:18 　　　　지혜에 관한 폭넓은 강론과 훈계
- 10:1-22:16 　　　솔로몬의 첫 번째 잠언 모음집

7　Longman, *Proverbs*, 24-25, 그리고 Bartholomew and O'Dowd, *Old Testament Wisdom Literature*, 74-76에 실린 내용들을 다소 수정했다.

- 22:17-24:34   아들을 향한 어떤 이의 충고 모음집
- 25:1-29:27   솔로몬의 두 번째 잠언 모음집
- 30:1-33   아굴과 모든 일이 거꾸로 된 세상 속에서의 지혜
- 31:1-9   르무엘 왕의 격언들
- 31:10-31   지혜로운 여인에 관한 시

| 읽어 볼 글들 |

o 잠언 4장 1-27절

| 생각해 볼 질문 |

01 지금까지 잠언은 당신의 삶에 어떤 영향을 미쳐 왔는가?

_____

_____

02 그동안 당신의 일상생활에 적용해 온 (혹은 그리하려고 노력 중인) 잠언의 지혜들에 관해 세 가지 사례를 들어보라.

_____

_____

03 당신이 잠언에 관해 더 잘 이해하기 원하는 한 가지 일은 무엇인가? 그리고 삶에서 잠언의 지혜를 더 충실히 적용해야 할 한 가지 영역은 무엇인가?

_____

_____

2장

지혜의 윤곽과 핵심 요소들

"지혜는 우리 인간들이 그리로 걷게끔 하나님이 예비해 두신 길이다."

- 대니얼 J. 트라이어(Daniel J. Treier),
Proverbs & Ecclesiastes, Brazos Theological Commentary on the Bible
(브라조스 신학적 성경 주석: 잠언과 전도서)

"성경에 따르면, 넓은 의미의 지혜는 하나님의 창조 세계를 아는 지식과 그 속에서 자신의 위치를 파악하는 분별력을 가리킨다."

- 코넬리우스 플랜팅가 주니어(Cornelius Plantinga Jr.), 수 A. 로즈붐(Sue A. Rozeboom),
『진정한 예배를 향한 열망』(*Discerning the Spirits: A Guide to Thinking about Christian Worship Today*, 그리심)

지혜의 윤곽

내가 사람들에게 즐겨 던지는 질문 중 하나는 이러하다. "여러분은 지혜를 어떻게 정의하시겠습니까?" 이것은 실로 흥미로운 질문이니, 이제껏 나는 (그리스도인이든지 아니든지 간에) 지혜에 관심이 없는 이를 만나 본 적이 없기 때문이다. 실제로 세계의 많은 문화와 종교는 올바른 삶의 방식에 대한 그들의 견해를 뒷받침하는 고유의 지혜 전통을 소유하고 있다.

하지만 이런 질문의 문제점은 지혜를 정의하기가 대단히 어렵다는 데 있다. 레이먼드 밴 르우윈이 언급했듯이 지혜는 일종의 "총체적인 개념"이기에(이에 관해서는 다음 장에서 더 자세히 다루겠다), 우리는 그것을 정의할 때 자칫 어떤 내용을 빠뜨리거나 지나치게 단순화할 위험이 있다.[8] 그럼에도 이 책의 전제가 되는 지혜의 관점을 분명히 할 필요가 있기에, 여기서는 먼저 지혜의 다섯 가지 핵심 요소들을 제시해 보려고 한다.[9] 이 요소들은 잠언 연구를 안

---

8 Raymond C. Van Leeuwen, "Wisdom Literature", in *Dictionary of Theological Interpretation of the Bible*, ed. Kevin J. Vanhoozer (Grand Rapids: Baker Academic, 2005), 848.

9 이 지혜의 요소들은 다음의 책에 실린 내용을 약간 수정했다. Bartholomew and O'Dowd, *Old Testament Wisdom Literature*. 바르톨로뮤와 오도우드는 레이먼드 밴 르우윈을 이 "범주들"의 창시자로 언급한다. 나는 이 요소들의 표현 방식에 관해 여러 조언을 제시해 준 페리스 "칩" 맥대니얼 박사께도 감사를 드린다.

내하는 일종의 등불이 되며, 잠언 전체에 걸쳐 나타나는 여러 주제와 소재를 하나로 통합하는 틀을 제공해 줄 것이다.

지혜의 핵심 요소들

1: 지혜는 예수님 안에서 온전히 드러난 하나님의 속성이다

이 책에서는 세상 속에서 발견되며 다양한 삶의 경험과 가르침을 통해 축적되는 지혜의 여러 측면에 관심을 집중할 것이다. 하지만 그에 앞서, 우리는 지혜가 하나님 자신의 속성이며 그분이 그 지혜로 세상을 창조하셨음을 인식해야 한다(잠언의 3장과 8장을 보라). 이 신적인 속성은 세상에 신비한 방식으로 깊이 새겨져 있으며, 그리하여 우리는 (보이는 것과 보이지 않는 것들을 모두 포함하는) 만물 가운데서 그분의 흔적들을 발견하게 된다. 그리고 이 속성들은 온 창조 세계를 그분께로 다시 인도하며, 그리하여 "하나님이 만유의 주로서 만유 안에 계시[게]" 되는 것이다(고전 15:28). 이는 일종의 세심한 주의가 필요한 요점이다. 하나님이 그분의 지혜로 세상을 지으셨다는 것은 그분이 창조주와 피조물들 사이의 중대한 간극을 아예 허물어 버리셨음을 의미하지 않는다. 오히려 우리는 좀 더 세밀하고 정교한 방식으로 지혜를 바라볼 필요가 있다. 지혜를 하나님 자신의 속성 중 하나로 간주하는 동시에 이 창

조 세계의 특성 중 하나로서 각 피조물이 그분의 뜻대로 살아가게끔 인도하는 영향력으로 이해하는 관점이다.

나아가서 이 신적인 지혜는 예수님 안에서 온전히 계시되고 있다. 이 책의 5장에서 이 주제를 더 자세히 다룰 것이며, 여기서는 다만 다음과 같은 바울의 가르침을 미리 언급해 두겠다. "그리스도는 하나님의 능력이요 하나님의 지혜니라"(고전 1:24). "그 안에는 지혜와 지식의 모든 보화가 감추어져 있느니라"(골 2:3).

2: 지혜는 주님을 향한 두려움에 그 토대를 둔다

잠언의 기록 목적은 그 책의 첫 일곱 구절, 특히 2-6절에서 요약적으로 제시되고 있다. 간단히 말해, 그 목적은 다음과 같다:

지혜와 훈계를 알게 하며
  명철의 말씀을 깨닫게 하며
지혜롭게, 공의롭게, 정의롭게, 정직하게
  행할 일에 대하여 훈계를 받게 하며
어리석은 자를 슬기롭게 하며
  젊은 자에게 지식과 근신함을 주기 위한 것이니(1:2-4)

여기에 더하여, 지혜로운 자들에게 학식과 지략을 가르치려는 데 있다(1:5).

이어지는 7절은 서두 부분의 핵심 구절인데, 여기서는 이렇게 선포한다. "여호와를 경외하는 것이 지식의 근본이거늘 미련한 자는 지혜와 훈계를 멸시하느니라." 그리고 잠언 저자는 이후 그 책의 첫 번째 주요 단락(1-9장)을 마무리할 때도, 다음과 같이 약간의 미묘한 차이가 나면서도 유사한 내용을 선포하고 있다. "여호와를 경외하는 것이 지혜의 근본이요 거룩하신 자를 아는 것이 명철이니라"(9:10). 아래의 논의에서 이 "여호와를 경외하는" 일의 의미와 중요성을 더 자세히 살펴볼 것이고, 여기서는 다만 그 합당한 두려움이 없이는 진정한 지혜도 있을 수 없음을 지적해 두고자 한다. 그분은 아브라함과 이삭, 야곱의 하나님이시며, 모세와 다윗, 구약의 선지자들뿐 아니라 예수님과 사도들도 섬기고 경배했던 분이시다.

3: 지혜는 하나님이 세상 속에 심어 두신 질서를 좇아 사는 삶을 추구한다

잠언 3장 19-20절을 보자. "여호와께서는 지혜로 땅에 터를 놓으셨으며 명철로 하늘을 견고히 세우셨고 그의 지식으로 깊은 바다를 갈라지게 하셨으며 공중에서 이슬이 내리게 하셨느니라." 어떤 이들은 이 구절을 읽고서 하나님의 방대한 지식과 창조의 능력

을 생생하게 묘사했다고 여길지도 모른다. 물론 그런 성격을 띠는 것도 사실이다. 하지만 그보다 훨씬 더 깊은 의미가 담겨 있다.

이 잠언 본문은 하나님이 그분의 지혜로 세상을 지으셨을 뿐 아니라 그 속에 자신의 지혜를 깊이 심어 두셨음을 일깨워 준다. 여기서 우리는 그것을 바울이 경고하는 "이 세상의 지혜"와 혼동해서는 안 된다(고전 1:20; 3:19). 오히려 그것은 위에 계신 하나님께로부터 유래하며(약 3:13-18), 창조 세계 곳곳에 깊이 새겨진 지혜이다.

하나님이 창조하신 세상 속에는 그분이 계획해 두신 신적인 샬롬 혹은 번영을 촉진하는 일종의 질서와 패턴이 존재한다. 그러나 창세기 3장에서 말씀하듯, 죄가 에덴동산으로 들어와서 온 세상을 깊은 혼란에 빠뜨려 놓았다. 하지만 우리는 하나님이 선하게 지으신 세상이 죄로 인해 완전히 악해졌다고 여겨서는 안 된다. 죄는 다만 일종의 부가물로 세계에 기생하며, 온 세상을 변질과 부패에 빠뜨리고 하나님께로부터 멀어지게 만들려고 안간힘을 쓸 뿐이다. 그러나 죄는 결코 주님께 속한 세상 자체의 선함을 무효화하지 못한다.

그러므로 잠언은 지금도 여전히 그분의 선한 의도대로 활동하는 피조물들의 모습을 통해 참된 지혜의 속성을 묘사하곤 한다.

■ 개미: 하나님의 창조 계획을 보여 주는 한 사례

잠언 6장 6-11절은 우리의 시선을 특히 개미에게 집중시킴으로써 근면의 미덕이 어떤 것인지를 드러낸다. 잠언 저자는 자신의 아들을 "게으른 자"로 지칭하면서 애정 어린 책망을 건네며, 그 과정에서 게으른 삶의 태도를 개미들의 슬기로운 모습과 이렇게 대조한다.

> 게으른 자여 개미에게 가서
> 그가 하는 것을 보고 지혜를 얻으라
>
> 개미는 두령도 없고
> 감독자도 없고 통치자도 없으되
>
> 먹을 것을 여름 동안에 예비하며
> 추수 때에 양식을 모으느니라
>
> 게으른 자여 네가 어느 때까지 누워 있겠느냐
> 네가 어느 때에 잠이 깨어 일어나겠느냐
>
> 좀더 자자, 좀더 졸자,
> 손을 모으고 좀더 누워 있자 하면
>
> 네 빈궁이 강도같이 오며
> 네 곤핍이 군사같이 이르리라

저자는 왜 유독 개미를 택했을까? 그것은 지혜로운 교사가 택한 일종의 눈높이 교육 방편이었을까? 아마 그랬을지도 모른다. 다만 중요한 것은 여기서 그 교사가 하나님이 자신의 세상 속에 심어 두신 지혜를 강조한다는 사실이다.

세상에는 우리 피조물들을 창조주의 길로 인도하는 일종의 리

듬과 패턴이 자리 잡고 있다. 그분이 세상을 빚으신 방식들은 지금 우리가 이곳에서 어떻게 살아가야 할지를 알려 준다. 이 장 서두의 인용문에서 대니얼 트라이어가 언급했듯이, "지혜는 곧 우리 인간들이 그리로 걷게끔 하나님이 예비해 두신 길이다." 다시 강조하자면, 우리는 이 길을 (성경에서 경고하는) '세상의 길'과 서로 혼동해서는 안 된다. 후자의 길은 우리가 마땅히 가야 할 주님의 길과 철저히 대립한다. 주님을 경외하는 이들은 그분의 길로 행하도록 부르심을 입으며, 우리는 하나님의 말씀과 그분이 지으신 만물을 통해 그 방식을 배워 가게 된다.

4: 지혜는 다양한 상황에서 하나님의 길을 분별하는 데 집중한다

어린 시절에, 나는 종종 '삶은 일종의 흑백 논리'라는 말을 들었다. 이는 물론 우리의 삶이 실로 단순하며, 올바른 의사 결정의 문제는 늘 명확하고 의심의 여지가 없는 사안임을 의미하는 것이었다. 하지만 나는 곧 이런 인생철학의 문제점을 직면하게 되었다. '그 가르침이 진실과 동떨어져 있기 때문에 우리 삶에 그대로 적용될 수 없다'는 것이었다.

만약 우리 삶이 그렇게 단순해서 쉽게 그 길을 찾아 낼 수 있다면, 지혜가 굳이 요구될 이유가 어디 있겠는가? 이때에는 우리의 지식만으로도 충분할 것이니, 현명한 분별의 필요성 자체가 아예

사라질 것이다. 하지만 실제 우리의 삶은 그런 식으로 이루어지지 않는다. 우리는 재정과 결혼, 우정과 일, 자녀 양육과 징계 등을 비롯한 삶의 여러 영역에서 종종 어려운 결정 앞에 직면하며, 잠언은 그 사안들을 하나씩 구체적으로 다루어 가고 있다. 그 이유는 무엇일까? 이는 그 세부적인 영역들 모두에서 참된 지혜가 꼭 필요하기 때문이다.

일상적인 일들에 관한 결정이 모든 이의 경우에 동일한 것은 아니다. 내게는 막내아들의 의료비로 큰돈을 지출하는 일이 바람직한 것일 수 있다. 그 아이가 쉽게 중이염에 걸리곤 하기 때문이다. 하지만 다른 누군가의 자녀에게 그런 문제가 없다면, 아마도 이는 지혜로운 결정이 아닐 것이다. 오히려 그에게는 배우자의 알레르기 문제에 대처하기 위해 몸에 좋은 식재료 구입에 치중하는 편이 더 적합할 수 있다.

이 두 경우 모두에 삶의 지혜가 요구되지만, 적용 방식은 각기 다르다. 참된 지혜는 모든 이에게 획일적으로 부과되는 형태로 존재하지 않는다. 오히려 다양한 시간과 장소에 맞게 구체화되며, 우리는 그 각각의 정황을 깊이 고려해야 한다. 잠언 26장 4-5절에 있는 다음의 가르침은 이런 지혜의 특성을 잘 보여 준다.

미련한 자의 어리석은 것을 따라 대답하지 말라

두렵건대 너도 그와 같을까 하노라
미련한 자에게는 그의 어리석음을 따라 대답하라
두렵건대 그가 스스로 지혜롭게 여길까 하노라

과연 잠언은 여기서 스스로 모순을 범하는 것일까? 아니면 지혜의 본성 자체에 '슬기로운 대답이 늘 똑같은 것은 아님'을 시사하는 무언가가 있는 것은 아닐까? 때로 어떤 미련한 이가 기꺼이 가르침을 듣고 자신의 잘못을 바로잡으려 할 경우, 우리는 그의 문제를 적절히 지적해 줄 수 있다. 하지만 또 다른 경우에 우리는 실로 그가 **고집불통**임을 알게 되기도 한다. 이때에는 그의 생각을 고쳐 주려고 애쓰는 것이 부질없는 헛수고가 되고 마는 것이다. 이처럼 위의 두 격언은 어리석은 자의 말에 진지하게 응수할지 아닐지를 결정하는 데에도 지혜가 요구됨을 깨우쳐 준다.

이런 관점을 마치 성경의 지혜가 일관성이 없고 상대적이거나 어느 한편에 치우치는 성향을 띤다는 식으로 이해해서는 안 된다. 사실은 그와 정반대이다! 오히려 성경의 지혜는 각 시간과 장소, 사람들의 고유하고 구체적인 특성들을 적절히 헤아리며, 그 개개의 상황 속에 하나님 사랑과 이웃 사랑의 원리들을 세심하게 적용한다.

5: 지혜는 전통에 뿌리를 둔다

잠언의 첫 장에 나오는 말씀을 보자. "내 아들아 네 아비의 훈계를 들으며 네 어미의 법을 떠나지 말라"(1:8). 잠언의 앞부분에 자주 나오는 부모 혹은 스승의 목소리는 여러 세대에 걸쳐 전수되는 지혜의 중요성을 보여 준다. 이 지혜의 전통은 고대 세계에 속한 다른 지혜의 전통들과 명확히 대조되니, 이는 그 지혜가 여호와 하나님께로부터 유래하기 때문이다. 그분은 아브라함과 이삭, 야곱의 하나님이시며, 모세와 다윗의 하나님이시다(그리고 후에는 예수님과 사도들의 하나님으로 자신을 드러내셨다). 세상에 속한 여러 지혜의 전통들은 각종 헛된 신들을 좇아가지만, 성경의 잠언은 하늘과 땅의 창조주이시며 참되신 하나님만을 바라본다.

이 전통의 기원은 세상적인 시간과 공간의 시작점으로까지 거슬러 올라가며, 이 세대의 끝을 지나 마침내 영원한 세계에서도 온전히 지속된다. 이 전통은 하나님의 백성인 우리를 그분의 뜻 가운데로 인도하며, 그분의 이름을 위해 우리를 의의 길로 이끌어 간다. 또 예수님의 복음과도 연관되는데, 이는 곧 "성도에게 단번에 주신 믿음의 도"이다(유 1:3). 우리 그리스도인들은 바로 이 전통 안에 참여하며, 그리스도께서 선포되시는 곳이면 어디든지 이 전통이 촉진된다. 그리고 이는 우리의 가족 관계에 근거를 두는 전통이기도 하다. 이 점에 관해, 데릭 키드너는 다음과 같이 바르게 언급했다. "[잠언에서 중요시하는 대상이 우리의 가정뿐인 것은 아니지만], 그곳은 여전히 이 지혜의 가르침이 전파되는 주된 장소로 남아 있다. 그리고 가정의 순전성을 위협하는 것은 무엇이든 깊은 우려의 대상으로 간주된다."[10]

...

지혜의 다섯 가지 요소가 잠언의 모든 내용을 아우르는 것은 아니다. 다만 그 요소들은 지혜에 관한 성경의 가르침에서 중심 위치를 차지하며, 특히 잠언의 경우에 그러하다. 그리고 이 요소들은 우리가 그 위대한 책을 살피면서 세상에서 지혜롭게 사는 법을 탐구할 때 우리의 여정을 늘 북돋아 준다.

---

10 Derek Kidner, *The Wisdom of Proverbs, Job and Ecclesiastes: An Introduction to the Wisdom Literature* (Downers Grove, IL: InterVarsity Press, 1985), 20. (『어떻게 지혜서를 읽을 것인가』, IVP)

| 읽 어 볼 글 들 |

o 잠언 2장 1-23절

| 생 각 해 볼 질 문 |

01 위에서 언급한 지혜의 핵심 요소들을 당신 자신의 말로 다시 진술해 보라. 당신은 그 요소들을 어른과 아이들에게 각각 어떻게 가르칠 수 있겠는가?

_____
_____
_____

02 당신의 삶에서 지혜의 올바른 적용이(지혜의 네 번째 요소: 지혜는 다양한 상황에서 하나님의 길을 분별하는 데 집중한다) 당시의 상황에 근거해서 조정되었던 경우를 떠올려 볼 수 있겠는가? 그때의 시간과 장소, 그리고 사람들은 당신의 현명한 행동에 어떤 영향을 주었는가?

_____
_____
_____

3장

지혜 – 세계관의 실마리
잠언 1-9장

"지혜로운 이는 창조 세계의 어떠함을 안다. 그는 그 세계의 한계와 경계들을 파악하며, 규범과 역학들을 이해하는 동시에 다양한 때와 시기를 분별하고 위대한 움직임을 존중한다. 그는 세계의 깊은 본질과 구조를 어느 정도 헤아릴 수 있으니, 이는 그곳을 창조하신 분의 길을 알기 때문이다."

– 코넬리우스 플랜팅가 주니어, 수 A. 로즈붐, 『진정한 예배를 향한 열망』

지금부터는 지혜와 일상생활의 관계를 다루어 보려고 한다. 역사상 많은 이가 지혜를 하나의 관념 또는 지적인 정보의 덩어리 정도로 취급해 왔다. 하지만 성경의 지혜 중에는 그보다 훨씬 더 많은 것이 담겨 있다. 우리가 지혜를 바르게 헤아리려면 지혜와 창조 세계의 관계를 파악하는 일이 꼭 필요하니, 이를 통해 그 지혜가 단순히 지적인 유희의 수준을 넘어서는 것임이 입증되기 때문이다. 오히려 성경의 지혜는 평범한 일들부터 대단히 예외적인 일들에 이르기까지 우리 삶의 모든 영역과 관련이 있다. 이 장에서는 지혜가 우리를 참된 기독교 세계관으로 인도하는 하나의 실마리가 된다는 점을 밝히고, 하나님의 지혜를 좇아 (그저 '아는' 데 그치지 않고) 실제로 걸어가는 일의 중요성을 드러내려 한다.

하나의 총체적 개념인 지혜

알버트 월터스의 고전적인 저서 『창조 타락 구속』(*Creation Regained*)에서, 그는 세계관을 이렇게 정의한다. "한 사람이 여러 사물들에 관해 품은 기본 신념들의 포괄적인 체계."[11] 그리고 올바른 세계관의 필요성에 대해, 추가로 언급한다. "우리를 인도해 주는 근본적인 관점의 필요성은 인간 삶 깊숙이 뿌리박힌 것으로서, 어쩌면 음식이나 섹스보다도 더 본질적인 중요성을 띤다."[12]

우리의 세계관과 성경의 지혜는 바로 이 근본 관점의 필요성 가운데서 서로의 접점을 발견할 수 있다. 여기서 지혜가 하나의 '총

---

11 Al Wolters, *Creation Regained: Biblical Basics for a Reformational Worldview*, 2nd ed. (Grand Rapids: Eerdmans, 2005), 2. (『창조 타락 구속』, IVP)

12 Wolters, *Creation Regained*, 5.

체적인 개념'이라는 밴 르우윈의 주장을 다시 숙고해 보자.

> [지혜는] 세상의 실재만큼이나 광범위하며, 우리가 온 세상과 연관을 맺는 일에 대한 일종의 문화적인 접근 방식을 구성한다. 지혜의 부재는 곧 "어리석음"이며, 이 개념은 ("지혜"와 마찬가지로) 다양한 히브리어 단어로 표현되고 있다(Fox, *Proverbs*, 28-43). 따라서 [구약에서] 숙련된 선원이나 금속 세공인, 직조공과 상담자, 서기관과 건축자는 모두 "지혜로운" 이들로 언급될 수 있다.[13]

나아가서 밴 르우윈은 고대 세계의 지혜가 원래 인간의 기술과 솜씨, 유능함과 관련이 있는 것으로 이해되었다고 설명한다. 그리고 구약의 지혜 문헌 역시 그 개념을 저버리지 않았다는 것이다. 다만 그 문헌에서는 인간의 참된 지혜를 여호와 하나님과의 관계성에 근거해서 재구성한다. 이에 관해, 르우윈은 이렇게 언급한다. "고대 이스라엘의 지혜 사상과 관행은 결코 '세속적'이었던 적이 없으며, 이는 하나님의 이름이 명시적으로 언급되지 않을 때에도 그러했다. 그렇기에 농사짓는 일까지도 종교의 한 측면으로 여겨졌다(사 28:23-29)."[14]

지혜는 일종의 총체적인 개념으로, 우리의 삶을 인도하는 근본

---

13 Van Leeuwen, "Wisdom Literature", 848.
14 Van Leeuwen, "Wisdom Literature", 848.

관점의 역할을 한다. 그리하여 우리는 하나님이 어떤 분이시며 세상은 어떤 곳인지, 우리 인간들은 누구이며 우리의 역할은 무엇인지를 명확히 헤아리게 된다. 이런 지혜의 적용은 우리 삶과 실재의 특정한 차원들에만 제한되지 않는다. 세상 가운데는 (하나님과 아무 연관이 없는) '세속적인' 부분이 전혀 없기 때문이다. 모든 일이 지혜의 손길과 연관되어 있으며, 잠언은 지혜가 우리의 삶 전체를 이해하는 올바른 관점임을 시사한다. 이는 마치 우리가 알맞은 도수의 안경을 쓸 때 사물이 비로소 또렷이 보이는 것과 같다.

지혜와 창조

다른 글에서, 밴 르우윈은 잠언 1-9장이 단순히 하나의 세계관을 묘사하는 데 그치지 않음을 주장한다. 그에 따르면, 그 본문의 목적은 "구체적으로 여호와 중심적인 세계관을 구현하려는"데 있다.[15] 다시 말해, 잠언은 독자들로 하여금 하나님이 세상을 어떻게 창조하셨으며 사람이 어떻게 살아가기를 뜻하셨는지에 부응하는 방식으로 세상을 바라보게 하는 것이다. 이 장의 서두에서 언급했던 플랜팅가와 로즈붐의 인용문은 바로 이 점을 강조하며, 나아가서 이들은 다음과 같이 서술하고 있다.

---

15 Raymond C. Van Leeuwen, "Liminality and Worldview in Proverbs 1-9" in *Semeia* 50 (1990): 113.

지혜는 세상의 실재에 기반을 둔 하나의 현상이며, 지혜롭다는 것은 곧 그 실재를 알고 **바르게 분별하는** 일을 의미한다. … 이같이 행하는 이들은 사물들 간의 연관성과 차이점 모두를 적절히 헤아린다. 그들은 하나님의 창조에 속한 일들, 곧 처음에 그분이 어떤 것들을 결합시키고 또 나누어 놓으셨는지를 알며, 그렇기에 인간들이 그 창조의 규례를 어김으로써 세상 속에 찾아온 균열들과 모순들을 식별할 수 있다.[16]

밴 르우윈과 플랜팅가, 로즈붐과 월터스는 모두 성경의 지혜에서 창조 세계의 역할을 뚜렷이 강조한다. 하지만 많은 이의 경우, 지혜를 우리의 머릿속에 머물 뿐 우리 마음이나 손과 발에는 거의 영향을 주지 않는 일종의 지적인 미덕 정도로 여기곤 한다. 내 생각에, 이 후자의 사람들은 인간 존재의 다른 부분들보다 지성을 훨씬 더 우선시하는 과거의 이교적인 그리스 사상의 영향 아래 머

---

16 Plantinga and Rozeboom, *Discerning the Spirits*, xi. (『진정한 예배를 향한 열망』, 그리심) 월터스 역시, 구약학자 제임스 플레밍의 글을 인용하면서 『창조 타락 구속』에서 이렇게 언급한다. "잠언의 화자인 지혜로운 이의 관점에서 … '지혜는 … 우주의 구조 자체에 심긴 것이었다.' 그러므로 '사람의 지혜는 곧 신적인 지혜와 계획, 질서를 알고 그것을 좇아 사는 데 있었다.' 곧 '지혜는 이 신적인 구조에 부응하는 일을 의미했으며, 사람은 그 구조의 어떠함을 찾아내고 그에 걸맞게 자신의 삶을 조정해야 했다.' 간단히 말해, '지혜는 하나님의 창조에 윤리적으로 부합하는 삶의 방식을 뜻하는' 것이다"(29).

물고 있는 것 같다.

성경의 지혜는 이와 다르다. 물론 이 지혜에서도 무언가를 배우고 헤아릴 때 우리의 지성이 중요한 역할을 하며, 이 배움과 헤아림은 모두 잠언의 핵심 주제들이다. 하지만 성경의 최종 목표는 우리가 어떤 일을 머릿속으로 아는 데 그치지 않고, 삶의 모든 영역에 지혜의 가르침을 바르게 적용하게끔 인도하는 데 있다. 하나님과 이웃을 사랑하고, 공의를 옹호하며, 말할 때와 침묵할 때를 아는 일 등은 주님을 경외하며 그분의 길로 행하는 이들의 삶 속에 풍성한 성경적 지혜가 담겨 있음을 보여 주는 일종의 증거가 된다.

그러므로 지혜와 창조 세계 사이의 관계가 갖는 중요성은 아무리 강조해도 지나치지 않다. 여기서는 하나님과 지혜의 관계를 배제하거나, 혹은 창조주와 피조물의 구별을 혼동하지 않도록 주의해야 한다. 하나님은 참된 지혜의 원천이시며, 그분은 이 지혜로 "땅에 터를 놓으셨[기]" 때문이다(3:19). 그렇기에 우리가 성경의 지혜를 헤아리고 습득하며 삶에 바르게 적용하기 위해서는 하나님과 그리스도, 그리고 창조 세계 모두에 관해 깊이 숙고하고 성찰하는 일이 반드시 요구된다.

진정한 기독교 세계관의 실마리인 지혜

우리가 성경적인 지혜의 관점을 채택할 때, 삶의 모든 영역에서 참된 초점이 회복되며 세상을 향한 하나님의 뜻을 온전히 깨닫게 된다. 성경의 지혜는 우리의 삶에 명료성과 일관성을 가져다주며, 주님을 경외하는 이들 앞에 소망을 제시한다. 그리하여 우리는 담대한 확신을 품고서 살아갈 수 있다. 그 지혜 가운데는 여러 영역의 지도자들이 다른 이들을 사랑으로 다스리고 정의를 받들며 모든 이를 공평과 존중으로 대하게끔 인도하는 확고한 원칙과 토대가 존재한다. 그리고 부모들은 이 지혜에 근거해서 자신의 자녀들을 주님의 뜻대로 양육할 확신을 얻게 된다. 물론 우리가 잠언을 좇는다고 해서 반드시 자녀들이 하나님을 언제나 잘 따르게 되는 것은 아니다. 하지만 하나님의 뜻을 받들면서 사는 것은 우리 앞에 주어진 최선의 방식이며, 그 길을 자녀에게 가르치는 일은 부모로서 우리가 베풀 수 있는 가장 깊은 사랑의 행위임이 분명하다.

나아가서 지혜가 우리 삶의 근본 관점(혹은 창조 세계의 실마리) 역할을 하는 일종의 총체적인 개념이기에, 우리는 늘 다음의 질문을 숙고해 보아야 한다. "지혜와 이 삶의 영역 사이의 관계는 무엇인가?" 이는 그럼으로써 세상 속에서 우리 삶의 특정 영역을 향한 주님의 뜻을 분별할 수 있기 때문이다. 예를 들어, 재정과 일, 자녀 양육과 리더십, 혹은 우정과 학교 교육의 영역에서 지혜롭게 행하는 길은 과연 무엇일까?

이 책에서는 이 총체적인 접근법에 근거해서 여러 일상적인 주제들을 숙고해 보고자 한다. 일과 자녀 양육, 리더십과 정치, 돈과 성, 말함과 들음, 가르침과 교육 등 우리 삶의 전 영역이 바로 지혜와 연관되기 때문이다. 이런 식으로 잠언을 살필 때, 우리는 잠언을 하루에 한 구절씩 묵상하는 기존의 단편적인 방법을 벗어나서 그 책을 하나의 일관되고 통일성 있는 전체로 읽어 나갈 수 있다. 그리고 성경 전체의 이야기에서 잠언의 위치도 헤아리게 된다.

한 예로 "재정 문제에서 참된 지혜의 길은 무엇인가?"라는 질문을 받는다면 이 책의 2장에서 논의한 지혜의 핵심 요소들을 근거로 삼아서, 잠언에서 돈에 관해 언급하는 일흔세 개 정도의 구절들을 하나씩 살펴 나갈 수 있다.[17] 이런 지혜의 요소들은 하나님과의 연관성 가운데서 재정 문제들을 이해하게끔 인도하며, 어리석음의 길과 대조되는 지혜의 길을 드러내 준다. 그럼으로써 우리는 잠언과 성경 전체의 가르침에 적절히 부합하는 방식으로 문제를 파악하게 된다.

이 관점에 따르면, 세상의 어떤 것도 성경의 지혜와 무관하지

---

17 William D. Reyburn and Euan McG Fry, *A Handbook on Proverbs* (New York: United Bible Societies, 2000).

않다. 오히려 우리가 그 지혜의 관점에서 주위를 살필 때, 세상 만물이 비로소 명확한 초점을 찾게 된다. 이처럼 성경의 지혜는 진정한 기독교 세계관의 실마리이며, 피조물인 우리가 바르게 살아가는 길을 분별하게 도와주는 하나의 합당한 렌즈와도 같다.

지혜의 길로 걷기

하나님을 경외하는 이들로서, 우리의 책임은 모든 시간과 장소에서 지혜의 길로 걷는 데 있다. 이는 세상의 모든 시공간이 그분께 속했기 때문이다. 우리 삶에서 걷는 것보다 더 평범하고 일상적인 일이 어디 있겠는가? 그렇기에 우리의 일상 속에서 하나님의 지혜를 적용하는 일을 논할 때도, 이 '걷기'보다 더 적절한 비유는 없을 것이다.

'걷기'라는 표현은 잠언에서 스무 번 이상, 그리고 성경 전체에서는 삼백 번 이상 언급된다. '걷기'를 강조하는 것은 오직 잠언 본문만이 아니다. 신명기 10장 12절에서 모세가 선포하는 바에 따르면, 주님 보시기에 가장 중요한 일은 우리가 그분을 사랑하고 경외하며 "그분의 모든 길로 걷는" 것이다(NRSV).[18] 그리고 시편 1편에서는 사람의 지혜와 어리석음을 뚜렷이 대조하면서, 주님의

---

18 이 점에 관해서는 4장에서 더 자세히 논할 것이다.

교훈을 기뻐하고 죄인들의 길로 걷지 않는 이들이 진정으로 복되다고 가르친다. 또한 바울 역시 자신의 서신들에서 '걷기'의 의미를 강조하면서, 신자들에게 주님 앞에서 "합당하게 걸을" 것을 권면하고 있다(골 1:10; 엡 4:1, HCSB).

그런데 이 중에서 가장 중요한 본문은 바로 요한복음 14장 6절일 것이다. 이 구절에서 예수님은 "내가 곧 길이요 진리요 생명이니"라고 선포하신다. 이렇듯 스스로를 그 "길"로 여기심을 통해, 예수님은 이 거대한 주제를 자신에게 결부시키신다. 그리고 궁극적으로 그 "길"의 실체가 참하나님이자 사람이신 그분 자신 안에 근거하고 있음을 드러내시는 것이다. 여기서 예수님이 우리의 '길'이 되신다는 것은 곧 우리의 '지혜'가 되신다는 것과 같다. 그 "길"은 바로 지혜의 합당한 경계와 방향을 나타내기 때문이다.[19]

지혜의 길로 걷는 일은 곧 하나님이 우리에게 주신 삶의 방식대로 살아가는 것이다. 이때 우리는 기쁜 마음으로 주님께 순종하며 그분이 제정하신 사랑의 법을 누리고, 이 창조 세계를 온전히 지키고 가꿈으로써 그분께 영광과 찬미를 돌리게 된다. 이런 삶의 방향은 모든 이에게 복과 번영을 가져다주는 동시에, 하나님의 뜻을 받드는 것이 최상의 길임을 온 세상 앞에 드러내 준다.

---

19 Van Leeuwen, "Liminality and Worldview in Proverbs 1-9"를 보라.

그런데 이 지혜로운 삶의 방식은 실제 삶에서 겪게 되는 온갖 상처와 역경, 고난에 어떻게 연관될까? 이 모든 '지혜의 길'에 관한 가르침이 너무 단순한 것은 아닐까? 과연 그 가르침은 우리가 종종 직면하는 온갖 추하고 더러운 모습들을 바르게 설명해 줄 수 있을까?

> ### ■ 잠언에서 강조되는 '걷기'
>
> 잠언에서 '걷기'는 대개 우리 삶의 방식을 지칭하는 은유로 쓰인다:
>
> 내 아들아 그들과 함께 길에 다니지 말라
> 네 발을 금하여 그 길을 밟지 말라(1:15)
>
> 지혜가 너를 선한 자의 길로 행하게 하며
> 또 의인의 길을 지키게 하리니(2:20)
>
> 사악한 자의 길에 들어가지 말며
> 악인의 길로 다니지 말지어다(4:14)
>
> 어리석음을 버리고 생명을 얻으라
> 명철의 길을 행하라 하느니라(9:6)
>
> 이 각각의 구절들은 (어리석음의 길과 대조되는) 지혜의 길이 바로 잠언의 핵심 주제임을 강조하고 있다. 주님을 두려워하는 이들로서, 우리의 책임은 곧 어리석음의 길을 떠나 지혜의 길로 행하는 것이다.

문제와 해결책

잠언은 우리 앞에 한 가지 문제를 제시한다. 사실 그 책에서 다루는 문제는 한둘이 아니지만, 무엇보다도 먼저 해결이 요구되는 하나의 결정적인 문제가 있다. 여기서 나는 잠언 본문의 진정성(현존하는 사본이 원문과 일치하는지 여부에 관한 문제-역주)이나 교리적인 불일치, 혹은 여러 해석상의 난점들을 언급하는 것이 아니다(물론 잠언 본문에 여러 교리적인 논쟁점이나 세부적인 해석상의 난점들이 있는 것도 사실이다). 지금 내가 주로 염두에 두는 것은 바로 '어리석음', 곧 악한 삶의 길에 연관되는 하나의 신학적인 문제이다.

아마 어떤 이들은 잠언에 나오는 문제가 그저 '죄'로 지칭되기를 기대할 것이다. 이는 우리가 성경 전체의 드라마에서 늘 접하게 되는 바로 그 문제이기 때문이다. 하지만 잠언의 경우, 그 문제는 단순히 추상적인 '죄'의 개념으로 지칭될 수 있는 것보다 훨씬 더 구체적이고 현실적인 성격을 띤다. '어리석음'은 일종의 인격적인 사안이다. 그것은 뚜렷한 삶의 방식이며, 우리 피조물의 일상 속에서 드러나는 추악한 삶의 모습인 것이다.

잠언의 이야기에서, 어리석은 여인은 주인공인 지혜로운 여인의 대적자로 등장한다. 두 여인은 잠언과 성경 전체의 다른 본문들에서 다양한 형태로 각기 모습을 드러낸다. 그런데 여기서 가장 중요한 점은 그들의 숫자가 둘이라는 점이다. 예를 들어, 성경은 그들을 '두 나무'(창 2장; 시 1편; 잠 11장), '두 여인'(7, 9장), '두 길'(시 1편; 잠 1장)로 묘사한다. 이런 사실은 이 창조 세계에 관해 우리에게 몇 가지를 알려 준다.

1. 하나님은 태초부터 선택의 가능성을 두셨으며, 에덴동산의 아담과 하와에게 그 사실을 일깨워 주셨다.
2. 하나님은 자신의 세상 속에 뚜렷한 제한들과 경계들을 설정해 두셨으며, 이는 구약의 율법에서 명확히 제시되는 도덕적 한계나 땅과 바다, 하늘과 땅 사이의 물리적인 경계들을 통해 드러난다.
3. 하나님이 세상 속에 심어 두신 이 제한들과 경계들로부터 두 가지 삶의 방식이 생겨난다(실제로 오직 이 둘뿐이다). 잠언은 이 두 삶의 방식을 두 여인의 모습으로 묘사하니, '지혜로운 여인'과 '어리석은 여인'이 바로 그들이다.
4. 하나님은 인간을 이 법에 책임 있게 반응하는 존재로 지으셨으며, 지금도 그분께 순종하여 지혜의 길로 걷도록 사람들을 부르고 계신다.

그런데 문제의 핵심은 우리가 하나님의 길로 행하는 데 익숙하지 않다는 것에 있다. 우리는 각기 다양한 죄의 질병을 짊어지고 있으며, 그로 인해 자연히 어리석음의 길로 빠져들게 된다. 어리석은 일들을 좋아하고 추구하며, 애써 그런 일들을 만들어 낸다. 실제로 우리는 자기도 모르게 그 일들에 중독되곤 하며, 무엇보다 나쁜 일은 그 상태에서 스스로 벗어나지 못한다는 것이다. "개가 토한 것을 다시 먹듯이, 우리는 자신의 어리석음으로 되돌아간다"(26:11, 내가 약간 수정했다). 이는 우리가 그런 일들 가운데서 일시적인 친밀감과 위로, 그리고 찰나의 쾌락을 얻기도 하기 때문이다. 그런데 이런 어리석음은 유치한 장난의 수준에 머물지 않는다. 하나님께 대한 일종의 중대한 범죄이다.

우리의 해답은 성경 드라마의 아름다움을 회복하는 데 있다. 하나님의 지혜이신 예수님은 인간의 어리석음을 압도하시고 세상을 망가뜨린 장본인인 죄와 사망의 권세를 깨뜨리심으로써 우리를 이 죄의 악순환에서 건져 내셨다. 예수님의 삶과 죽으심, 부활에 관한 이 복된 소식은 지극히 어리석은 우리에게 유일하고 참된 소망을 가져다준다. 우리가 그리스도를 믿고 그분과 연합할 때, 우리 삶의 방향이 변화되어 겸손히 주님을 경외하는 삶을 살 수 있다. 그러고는 영원히 그분 안에 있는 참된 지혜의 길로 걸어가게 된다.

우리가 매일의 삶에서 늘 이 지혜의 길로 행할 때, 마침내 어리석음의 문제를 극복할 수 있다. 비록 게으른 삶의 모습이 매력적으로 다가올지라도, 성경의 지혜는 열심히 일하는 것이 최선임을 강조하면서 이렇게 권고한다. "게으른 자여 개미에게 가서 그가 하는 것을 보고 지혜를 얻으라"(6:6). 누군가가 이웃의 아내를 향해 탐심을 품을 때도, 지혜는 이렇게 책망한다. "내 아들아 어찌하여 다른 여인을 연모하겠으며 음녀를 품에 안겠느냐?"(5:20, NRSV) 또한 이렇게 훈계한다. "네 샘으로 복되게 하라 네가 젊어서 취한 아내를 즐거워하라"(5:18).

예수님의 복음은 우리 인간들의 내면을 치유하여 그분께 속한 지혜의 길로 나아가게 하며, 우리가 그 길을 일종의 '새롭고 진정한 중독'으로 삼게 한다. 그리고 이 길로 행할 때, 우리는 하나님의 지혜가 인간 삶의 참된 실마리인 동시에 죄와 어리석음의 유일한 해답이자 영생의 길임을 세상에 드러내게 된다.

| 읽 어 볼 글 들 |

- 잠언 3장 1-35절
- 마태복음 7장 24-27절

| 생 각 해 볼 질 문 |

01 지혜가 어떻게 참된 기독교 세계관의 실마리가 되는지를 당신 자신의 말로 표현해 보라. 그 지혜는 우리 삶의 모든 영역과 어떤 식으로 연관되는가?

---

02 기독교의 지혜가 어떻게 삶의 전 영역을 하나로 통합해 주는지를 숙고해 보라. 때로 잠언은 삶의 여러 조언을 불규칙하게 모아 놓은 책으로 여겨지기도 한다. 하지만 이제 당신은 우리가 지혜의 길로 행할 때 가장 평범하고 일상적인 활동들까지도 통일성과 일관성, 그리고 소중한 가치를 얻게 된다는 점을 어떻게 헤아릴 수 있겠는가?

4장

주님을 향한 두려움

잠언 1장 1-7절

"주님을 향한 두려움은 곧 하나님의 임재와 계시가 우리 삶에 가져다주는 '초월과 너머'의 차원을 더 깊이 의식하는 마음이다. 나는 내 존재의 중심이 아니며, 우주에서 가장 중요한 일들의 총체도 아니다. 나는 바로 다음 순간에 어떤 일이 벌어질지를 미처 알지 못한다."

— 유진 피터슨(Eugene H. Peterson),
『현실, 하나님의 세계』(*Christ Plays in Ten Thousand Places*, IVP)

아마도 내 인생에서 가장 어색했던 사흘간은 대학 신입생 오리엔테이션에 참석했을 때였을 것이다. 대부분의 교육 기관에서 그리하듯, 내 모교인 유니온 대학에서도 매년 입학생 오리엔테이션의 전통이 이어지고 있다. 이 기간에, 대학의 학생 생활처는 서로 처음 보는 학생들이 마음을 열고 가까워지게끔 만들려고 많은 노력을 기울인다. 이를 통해 그들이 대학 생활을 더 순조롭게 적응하도록 돕기 위함이다. 따라서 그 일은 입학 초기의 필수 부분이지만, 여전히 어색한 것도 사실이다.

이렇게 새로운 사람들을 만나고 알아 가는 과정에서, 학생들은 자연스럽게 대학의 '핵심 역량'들을 습득하게 된다. 이것들은 그 학교의 설립 원리로서, 성별이나 인종과 국적, 또는 전공 분야와 상관없이 모든 재학생의 마음속에 심겨진다. 그 대학 교육의 커리큘럼 중 일부이며, 이에 관해 각 학교의 총장들은 이렇게 확언하곤 한다. "여러분이 이곳에 있는 동안에 다른 어떤 교훈들을 습득하지 못하더라도 이것들만은 꼭 배워 가기를 바랍니다."

그 후로, 유니언 대학교의 핵심 역량들은 오랜 세월에 걸쳐 내 삶 속에 머물면서 나 자신의 인격적인 정체성을 형성해 왔다. 곧 "탁월성을 추구하고 그리스도 중심의 삶을 살며, 사람들의 필요에 초점을 맞추는 동시에 미래 지향적인 태도를 취하는 것"이 내 인생관의 근본 요소가 된 것이다.

이처럼 성경의 잠언을 펼칠 때도, 우리는 '솔로몬의 지혜 학교'에서 주관하는 일종의 오리엔테이션 과정에 참여하게 된다. 잠언 서두의 구절들은 우리로 그 책의 지향점에 동화되게끔 인도하며 (이를 통해 우리는 세상의 참모습을 보게 된다!), 그 내용들은 그 책의 핵심 역량을 생생히 드러내 준다.

이제 이 장에서는 잠언 1장 1-7절을 그 책의 서론으로 삼아 자세히 다루어 보려 한다. 먼저 2-6절에 언급되는 네 개의 핵심 부정사들이 지니는 의미를 간략히 논한 뒤, (1) 주님을 향한 두려움과 (2) 그저 지적인 정보의 수준에 머물지 않는 지혜의 본질을 차례로 헤아려 볼 것이다.

2절부터 시작되는 프롤로그의 내용은 이러하다(NRSV).

>이는 지혜와 교훈을 **배우게** 하고,
>>명철의 말씀을 **헤아리게** 하며,
>
>지혜로운 처신과 의, 공의와 공평에 관해
>>**훈계를 받게** 하며,
>
>단순한 자들에게 **슬기를 가르치고**,
>>어린 자들에게 지식과 분별력을 주기 위함이다.
>
>지혜로운 이들 역시 듣고 배움을 얻으며,
>>분별력이 있는 이들도 지략을 얻게 하라.
>
>그들은 잠언과 비유를 깨닫고,
>>지혜자의 말씀과 그 수수께끼들을 **헤아리게** 될 것이다.
>
>주님을 향한 두려움이 지식의 시작점이다.
>>그러나 어리석은 자들은 지혜와 훈계를 멸시한다.[20]

---

20 강조점은 내가 덧붙였다.

영어 성경의 여러 역본은 위의 본문을 다양한 방식으로 표현한다(이에 관해서는 다음 페이지의 다섯 가지 번역에서 살펴볼 것이다). 하지만 모든 주요 역본은 2-6절에 있는 네 개의 핵심 용어(히브리어 부정사들)가 이른바 잠언의 '핵심 역량'과도 같다는 점을 드러낸다. 내가 앞에서 인용한 NRSV에서는 "배움"과 "헤아림", "훈계를 받음"과 "슬기를 가르침"으로 번역하며, 이 중 "헤아림"은 두 번에 걸쳐 언급된다(1:2, 6). 이제 각각의 표현을 간략히 살펴보기로 하자.

배움

누군가가 지혜를 추구한다면, "배움"(히: yd')이 그 과정의 기본 요소가 되리라는 것은 상당히 명백한 이치로 보인다. 그런데 실제로 이 배움이 지혜의 근본인 이유는 무엇이며, 그 사실은 우리의 잠언 읽기에 어떤 영향을 미치게 될까?

먼저 배움에 대한 강조가 잠언 전체에 걸쳐 이어지고 있음을 상기해 볼 필요가 있다. 그 책의 주제 구절에 뒤이어(1:7), 8절에서 저자는 곧바로 자녀를 훈계하는 부모의 태도로 가르침을 전한다. "내 아들아 네 아비의 훈계를 들으며 네 어미의 법을 떠나지 말라." 달리 말해, 잠언은 왜 배움이 중요한지에 관해 해명을 시도하려 들지 않는다. 다만 그 책의 독자라면 누구든지 '배우는 이'의 자세를 취해야 함을 기본 전제로 삼을 뿐이다. 이는 곧 자기 부모가 행하는 일들을 보고 듣고 배우는 자녀의 모습과도 같은 태도이다.

부모와 자녀의 모티브는 다음의 몇 가지 이유에서 중요하다.

(1) 그 모티브는 우리가 다음 세대에 지혜를 어떻게 전수하면 좋을지를 알려 주며(그리고 과거에 그 지혜가 우리에게 어떻게 전해졌었는지도 일깨워 준다), (2) 아버지 하나님과의 관계에서 우리가 취해야 할 자세의 본을 제시해 준다. 잠언은 지혜의 식탁에 함께 앉아서 생명과 사랑, 정의와 선, 진리와 아름다움의 유익들을 먹고 마시라는 일종의 초대장과 같다. 그리고 그 책 속에는 우리가 참된 삶의 길을 어떻게 드러내야 할지에 관한 명확한 가르침들이 담겨 있다.

> "주님을 경외하는 일은 곧 그저 하나님에 관해 연구하는 데 머물지 않고 그분 앞에서 늘 경건하게 살아가는 일이다."
> – 유진 피터슨, 『현실, 하나님의 세계』

둘째, 배움의 자세는 곧 겸손의 태도이다. 이 겸손은 배움뿐 아니라 잠언의 모든 핵심 역량의 습득을 위해 중요하며, 특히 '주님을 향한 두려움'의 경우에 그러하다. 교만한 자들은 지혜의 식탁에 앉을 수가 없으니, 그들이 아무것도 배우려 들지 않기 때문이다. 그들은 듣기보다 말하기를, 질문보다 자신의 주장을 피력하기를 더 선호한다. 그리고 이따금 그들이 조용해지기도 하는데, 이 때에는 더욱 조심해야 한다! 그들이 갑자기 지혜를 얻어서 그리된 것이 아니기 때문이다. 그들은 단지 대화에 불쑥 끼어들어서 자신들의 무지한 해답을 늘어놓을 기회를 노리고 있을 뿐이다. 그들은 자신들의 그 '지혜'로 사람들의 모든 질문과 골칫거리를 단번에 해결해 줄 수 있다고 믿는다.

| 잠언 1장 2-7절의 다섯 가지 번역 |

NRSV
2 이는 지혜와 교훈을 배우게 하고, 명철의 말씀을 헤아리게 하며, 3 지혜로운 처신과 의, 공의와 공평에 관해 훈계를 받게 하며, 4 단순한 자들에게 슬기를 가르치고, 어린 자들에게 지식과 분별력을 주기 위함이다. 5 지혜로운 이들 역시 듣고 배움을 얻으며, 분별력이 있는 이들도 지략을 얻게 하라. 6 그들은 잠언과 비유를 깨닫고, 지혜자의 말씀과 그 수수께끼들을 헤아리게 될 것이다. 7 주님을 향한 두려움이 지식의 시작점이다. 그러나 어리석은 자들은 지혜와 훈계를 멸시한다.

NASB95
2 이는 지혜와 교훈을 알게 하고, 명철의 말씀을 헤아리게 하며,

3 현명한 행실과 의, 공의와 공평에 관해 가르침을 얻게 하며, 4 순진한 자들에게 신중함을, 어린 자들에게 지식과 분별력을 더하여 주기 위함이다. 5 지혜로운 자는 듣고 그 학식이 깊어지며, 명철한 이들은 슬기로운 판단력을 얻어 6 잠언과 비유를 헤아리며 지혜자의 말과 그 수수께끼들을 깨닫게 될 것이다. 7 주님을 향한 두려움이 지식의 시작점이다. 그러나 어리석은 자들은 지혜와 교훈을 경멸한다.

NIV

2 이는 지혜와 교훈을 얻게 하고, 명철의 말씀을 헤아리게 하며, 3 신중한 행실과 옳고 의로우며 정당한 것을 행하는 일에 관해 가르침을 받게 하고, 4 단순한 자들에게는 주의력을, 어린 자들에게는 지식과 판단력을 주기 위함이다. 5 지혜로운 자들은 듣고 더 깊은 배움을 얻으며, 분별력 있는 자들은 인도를 받아 6 잠언과 비유, 지혜로운 이들의 말과 그 수수께끼들을 깨닫게 하라. 7 주님을 향한 두려움은 지식의 시작점이다. 하지만 어리석은 자들은 지혜와 교훈을 멸시한다.

HCSB

2 이는 지혜와 규율이 무엇인지를 배우게 하고, 통찰력 있는 말들을 헤아리게 하며, 3 의와 공의, 순전함에 관해 슬기로운 교훈을 얻게 하고, 4 미숙한 이들에게는 영리함을, 어린 자들에게는 지식

과 분별을 가르치기 위함이다. 5 지혜로운 이들은 듣고 학식이 깊어질 것이며, 분별력 있는 자들은 안내를 받아 6 잠언이나 비유, 지혜 있는 자들의 말과 그 수수께끼들을 헤아리게 될 것이다. 7 주님을 향한 두려움이 지식의 시작점이다. 하지만 어리석은 자들은 지혜와 규율을 경멸한다.

ESV

2 이는 지식과 교훈을 알게 하며, 명철의 말씀을 헤아리게 하고, 3 지혜로운 처신과 의, 공의와 공평에 관해 가르침을 받게 하며, 4 단순한 자들에게는 주의력을, 어린 자들에게는 지식과 분별력을 베풀기 위함이다. 5 슬기로운 이들은 듣고 그 배움이 깊어지며, 분별하는 이들은 인도를 받아 6 잠언과 속담, 지혜 있는 자들의 말과 그 수수께끼들을 깨닫게 하라. 7 주님을 향한 두려움이 지식의 시작점이다. 그러나 어리석은 자들은 지혜와 교훈을 멸시한다.

헤아림

잠언의 프롤로그에서 "헤아림"(히: *bana*)은 두 차례에 걸쳐 언급된다(1:2, 6). 그중 첫 번째는 "명철의 말씀"을 분별하는 일에, 두 번째는 "잠언과 비유"(또는 격언)를 알아듣는 일에 연관된다. 본문에서 이같이 '헤아림'이 강조되는 것은 숙고와 성찰의 중요성을 보여 준다. 숙고하는 사람은 곧 무언가를 배운 뒤에(이는 잠언의 첫 번째 핵심 역량이다) 그 내용을 깊이 돌아보는 사람이다. 그는 무언가를 아는 데 그치지 않고 온전히 헤아리기를 바라는 마음으로 이렇게 행한다.

위의 두 구절 모두에서, "헤아림"은 바로 이 숙고와 성찰의 활동을 의미한다. 솔로몬은 전 세계의 잠언들을 직접 수집하였고, 사려 깊은 성찰에 몰두했던 사람이었다. 그의 관점에서, 성경의 잠언은 주로 세상의 본모습과 하나님이 그곳을 설계하신 방식에 상응하는 격언들을 모아 놓은 책이었다. 하지만 특정 격언들로부터 이런 진리들을 파악해 내는 일은 즉각적으로 이루어지지 않는다. 하나의 잠언이나 속담, 수수께끼의 의미를 바르게 깨닫기 위해서는 깊은 숙고와 성찰이 요구되었으며, 그 후에야 비로소 안개가 걷히고 사안의 본질이 명확히 드러날 수 있었던 것이다.

훈계를 받기

잠언에서 "훈계를 받는" 일은 "지혜로운 처신", 곧 하나님의 뜻대로 바르게 행하는 법을 터득하는 일과 직접 관련이 있다. '지혜로운 처신'은 중요한 세 가지 용어 즉 의와 정의, 공평을 통해 성격이 표현된다.

그러면 성경의 지혜에서 이처럼 의와 정의, 공평이 강조되는 이유는 무엇일까? 세 속성이 하나님 사랑과 이웃 사랑, 곧 (예수님의 말씀처럼) 하나님의 뜻대로 살아가기 위해 가장 중요한 일들의 견고한 토대를 이루기 때문이다(막 12:29-31).

지혜로운 처신을 위해 주어지는 잠언의 훈계들은 단순히 우리의 지성을 만족시키는 데 그치지 않는다. 우리의 영혼을 새롭게 빚어 가며 참된 행실을 자극함으로써, 우리로 하여금 하나님의 뜻을 받드는 일에 사랑으로 동참하게 한다. 그리하여 (몇 가지 예를 들면) 목회자들은 참된 의를 증진하고, 돈을 꾸어 주는 이들은 모든 일을 공평하게 처리하며, 정치인들은 분별과 정의를 옹호하게 되는 것이다. 그리고 이것들은 하나님이 세상에서 행하시는 일들의 간단한 맛보기에 불과하다. 곧 그 일들은 그분의 나라가 하늘에서 이루어진 것처럼 이 땅에도 임하는 모습을 어렴풋이 드러내 주는 것이다.

슬기를 가르치기

잠언 1장 4절에서는 "단순한 자에게 슬기를, 어린 자에게 지식과 분별력을" 가르치는 일의 중요성을 강조한다. 본문에서 이 핵심 역량은 상당히 독특한 성격을 띠니, 그 구절 후에 요점을 한층 더 깊이 드러내는 하나의 짧은 격언이 이어지기 때문이다. 5절에 언급되는 격언의 내용은 이러하다. "지혜 있는 자는 듣고 학식이 더할 것이요 명철한 자는 지략을 얻을 것이라."

소박하면서도 심오한 요점이며, 지혜를 얻으려 하는 이들이 꼭 따라야 할 권면이다. "지혜로운 이들은 교훈을 깊이 새겨듣는 이들이다!" 그리고 분별력이 있는 이들(헤아릴 줄 아는 이들)은 기꺼이 진리를 배우고자 한다.

4절에서는 아직 배울 것이 많은 어리고 미숙한 자들에게 초점을 두며, 특히 삶의 경험적인 측면에서 그러하다. 그러나 5절의 경우에는 더 성숙하고 나이 든 이들까지 대상에 포함되는데, 그들이 어느 정도 지혜를 얻었다 해도 여전히 배울 것이 늘 남아 있기 때문이다. 4절과 5절은 모두 어떤 이가 정말로 지혜로운지를 판가름하는 일종의 잣대 역할을 하며, 기준은 다음의 질문에 있다. "과연 당신은 교훈을 바르게 경청하는 사람입니까?" 좋은 경청자들은 일반적으로 가르침을 잘 받는 성향을 띠며, 참된 지혜를 얻는 데 필요한 겸손의 성품을 드러내곤 한다. 이에 반해 좋은 경청자가 아닌 이들은 아무것도 배우려고 하지 않으며, 대체로 지혜에 거의 관심을 보이지 않는다.

이런 점에서, 잠언의 가르침은 사실 우리의 나이와 무관하다. 물론 잠언의 많은 교훈이 '나이 든 이가 어린 자에게 지혜를 전수하는' 형식을 띠기는 한다. 하지만 참된 지혜의 필수 요건은 바로 다른 이의 가르침을 기꺼이 듣고 배우려는 자세이며, 그들의 연령대나 그들이 처한 삶의 단계와 상관없이 그러하다. 나아가서 지혜로운 이들은 어떤 교훈을 표면적으로 습득하는 데 그치지 않고, 그 깊은 뜻을 조금씩 헤아리려고 한다. 이 일에는 순간적으로 귀담아 듣는 것 이상의 노력이 요구되는 것이다. 따라서 그들은 어떤 사안을 진실로 파악하기 위해 예리하고 사려 깊은 질문들을 던지면서 그 본질에 다가가곤 한다. 이것은 곧 자신보다 다른 이들의 유익을 더 중시하는 이들의 태도이니, 다른 사람의 관점을 제대로 이해하기 위해서는 (최소한 얼마 동안만이라도) 자신의 생각과 관심사를 내려놓아야 하기 때문이다. 그래야만 상대방의 현 상황을 더 깊이 헤아릴 수 있다. 이는 다른 이들을 향한 참된 사랑과 관심이 없이는 불가능한 일이며, 실제로 '이웃을 나 자신처럼' 사랑하는 일이 요구된다.

우리가 보기에, 여기서 가장 중요한 점은 바로 이것이다. "참된 교훈을 듣고 배우지 않는 이들은 지혜를 경시할 뿐 아니라, 아예 시작점에도 이르지 못한다."

지혜의 시작점: 주님을 향한 두려움

주님(여호와 하나님)을 향한 두려움은 이를테면 잠언의 주제가와 같다. 그 주제는 잠언 서두의 절정 부분에서 제시된 후 책 전체에 걸쳐 지배적인 후렴구를 이루며, 마지막 장의 핵심 결론과도 같은 역할을 한다(31:30). "주님을 경외하는" 일에 관한 언급은 잠언 전체에 걸쳐 열네 번 정도 등장하며, 책의 주요 단락들을 규정함으로써(1:7; 9:10; 31:30) 매번 그 요지를 강화하고 있다.

그런데 우리는 이 '주님을 향한 두려움'을 어떻게 받아들여야 할까? 그리고 그 개념은 잠언의 지혜와 서로 어떻게 연관될까? 하나님을 두려워하는 일에 관한 질문은 많은 그리스도인을 당혹스럽게 만드는 듯하다. 내 경험상, 그 일의 중요성 자체를 부인하는 이들은 거의 없었다. 하지만 그 일의 참뜻을 명확히 파악하고 있다고 말하는 이들 역시 만나기가 어려웠다.

첫째, 주님을 향한 두려움은 지혜의 길에 이르는 입구이자 그 길의 기반이 됨을 인식하는 일이 중요하다. 이에 관해, 우리는 다음의 두 가지를 고려할 필요가 있다.

먼저 두려움이 지혜의 입구임을 논할 때, 우리는 참된 지혜를 얻는 일이 하나님을 바르게 바라보는 데서 시작한다는 점을 언급해야 한다. 지혜는 곧 하나님이 창조 시에 세상에 새겨 두신 그분 자신의 속성이다. 그러므로 지혜롭게 살아가는 법을 배우기 위해서는 무엇보다 먼저 그분에 대한 건전한 시각을 습득해야 하는 것이다. 성경의 하나님이 만물의 창조주이시기에, 참된 지혜와 분별력 또한 우리의 지식이 그분의 빛 아래서 바르게 질서 잡힐 때 드러나게 된다.

이 사실은 다음과 같은 C. S. 루이스의 유명한 구절을 상기시킨다. "나는 오늘 아침에 해가 떴음을 믿듯이 기독교를 믿는다. 이는 내가 그것을 눈으로 직접 보아서가 아니라, 그 빛에 의지해서 다른 모든 것을 보게 되기 때문이다."[21] 우리의 지식이 하나님에 대한 바른 관점에서 출발할 때(그분이 자신의 말씀대로 존재하심을 믿으며 세상 만물이 그분에 의해, 그분 안에서, 그분을 통해, 그리고 그분을 위해 있음을 고백하는 관점이다), 그것은 올바른 시작점과 방향성을 지닌 지식이 된다. 그러면 이는 성경의 하나님을 믿지 않는 이들에게는 아무 지식이 없음을 의미하는 것일까? 물론 그렇지 않다. 다만 그들에게 주님을 향한 참된 두려움이 없을 때, 그들의 지식은 그릇된 위치에서 시작해서 결국 불완전한 상태로 남게 된다는 점을 함축할 뿐이다.

트렘퍼 롱맨은 이 점을 이렇게 잘 표현했다. "[주님을 향한 두려움은] 다른 모든 생각이 제자리를 찾게 만드는 첫 번째 생각과도 같다."[22] 만약 우리에게 하나님에 대한 올바른 시각이 없다면, 우리가 지닌 여러 지식의 조각들을 세상 전체와의 관계 속에서 적절히 헤아릴 수 없게 된다. 예를 들어 퍼즐을 맞출 때, 누구든지 한 개의 퍼즐 조각 위에 무엇이 그려져 있는지를 볼 수는 있다. 하지

---

21 C. S. Lewis, "Is Theology Poetry?" in *They Asked for a Paper: Papers and Addresses* (London: Geoffrey Bless, 1962), 165.
22 Longman, *Proverbs*, 102.

만 퍼즐 상자의 윗면에 부착된 참고용 그림을 활용할 수 없다면, 누가 전체의 모습을 온전히 파악할 수 있겠는가? 하나님(그리고 그분과의 관계 속에 있는 우리 자신)에 대한 바른 시각은 마치 그 상자 윗면의 참조용 그림과 같아서, 각 지식의 조각들이 세상의 실재 전체에 어떻게 연결되는지를 우리 앞에 생생히 드러내 준다. 그러므로 주님을 향한 두려움은 우리에게 세상의 모습을 파악하고 모든 진실을 해명하는 일의 참된 시작점이 되어 주는 것이다.

그리고 주님을 향한 두려움이 지혜의 기반임을 살필 때, 우리는 그것이 (잠언뿐 아니라) 성경 전체에 걸쳐 나타나는 포괄적인 '길'의 은유와 관련이 있음을 지적해야 한다. '두 길'(히: *derek*; 헬: *hodos*)은 성경의 거대한 주제로, 특히 지혜의 문제와 밀접히 연관된다. 한 예로, 시편 1편은 다음의 두 길을 고백하면서 시편 전체의 도입부를 제시한다. 우리를 번영으로 인도하는 지혜의 길과, 파멸로 이끄는 어리석음의 길이다. 잠언 전체의 메시지도 (지나친 단순화의 위험에 빠지는 일 없이) 그런 식으로 요약할 수 있다. 그리고 잠언은 계속해서 일상적인 삶의 활동들 가운데서 이 지혜와 어리석음의 이중성에 관한 진리가 어떻게 드러나는지를 생생히 보여 준다(일과 자녀 양육, 소비와 수면, 우정 등이 그런 영역들이다).

여기서는 신명기 10장 12-13절이 특히 중요하다. 당시 모세의 연설이 이후의 이스라엘 역사에서 얼마나 극적인 역할을 감당했는지를 고려할 때, 이 본문의 메시지에 한층 더 깊은 중요성을 부여할 수 있다. 모세는 다음과 같이 의미심장한 수사학적 질문으로 자신의 발언을 시작한다. "이스라엘아, 네 하나님 여호와께서 네게 요구하시는 것이 무엇이냐?" 이어서 모세가 하나님 앞에서 가장 중요한 일이 무엇인지를 요약해서 전달할 준비를 하는 동안, 이 질문은 당시의 모든 이스라엘 백성을 자극하여 그의 말에 온몸으로 귀를 기울이게 만들었을 것이다.

그리고 모세는 자신의 질문에 이렇게 답을 제시한다. "네 하나님 여호와를 **두려워하여** 그의 모든 **길**로 행하고 그를 사랑하며 마음을 다하고 뜻을 다하여 네 하나님 여호와를 섬기고 내가 오늘 네 행복을 위하여 네게 명하는 여호와의 명령과 규례를 지킬 것이 아니냐"(NRSV).

여기서 나는 "두려워하여"와 "길"이라는 단어를 강조했는데, 이는 둘 사이의 연관성을 더욱 뚜렷이 드러내기 위함이다. 주님을 향한 두려움은 곧 그분의 길을 가기 위한 기반이자 견고한 토대가 된다. 이런 삶의 방식은 하나님이 처음부터 우리 인간들을 위해 마련해 두신 것이었다. 그 길의 특징은 여호와 하나님께 순종하는 삶을 살아가는 데 있으며, 이때 우리는 스스로를 창조주이신 그분의 형상을 부여받은 그분의 피조물로 받아들일 수 있다. 그리하여 삶 전체로 그분께 예배하며, 온 세상을 지혜롭게 돌보고 경작함으로써 모든 시간과 장소 가운데서 하나님의 왕권을 받들고 그분의 샬롬을 전파하게 된다.

> "우리의 인식 대상들과 올바른 관계성을 유지하는 것은 오직 하나님을 실제로 아는 지식을 통해서만 가능하다."
> – 게르하르트 폰 라트(Gerhard von Rad), *Wisdom in Israel*(이스라엘의 지혜)

이것은 우리의 삶을 위한 최상의 길이니, 하나님이 친히 그 길을 계획해 두셨기 때문이다. 이는 생명과 사랑, 진리와 선함, 아름다움과 정의, 그리고 우리 하나님의 선하심을 드러내는 다른 모든 일과 바르게 연관되는 삶의 방식이다. 그리고 이 삶의 방식은 곧 주님을 향한 참된 두려움을 시작점으로 삼는다.

둘째, '주님을 향한 두려움'(fear of the Lord)에서 '두려움'(fear)이 갖는 다면적인 성격을 헤아리는 일이 중요하다. 나는 종종 이런 질문을 받곤 한다. "'주님을 향한 두려움'은 제가 그분을 무서워하고 피해야 한다는 뜻인가요?" 이 질문을 더 정확히 풀어서 표현하자면, 아마 이러한 뜻일 것이다. "'주님을 향한 두려움'은 그분에 대한 공포심이나 그와 비슷한 무언가를 의미하나요?" 이에 대한 답은 '그렇기도 하고 아니기도 하다'는 것이다.

'두려움'을 뜻하는 히브리어 '이라(흐)'[*yir'a(h)*]에는 공포와 존경, 두려움과 경이의 개념들이 모두 담겨 있다. 따라서 하나님을 두려워하는 이들은 마땅히 그분을 향한 건전한 공포심을 간직해야 한다. 그분은 우리가 고의로 무시하거나 의심하고 불순종할 대상이 아니기 때문이다. 나는 어린 시절에 아버지의 말씀을 일부러 어기고서 느꼈던 두려움을 아직도 생생히 기억한다. 당시 아버지의 가르침이 옳았으며, 마땅히 내게 화를 내실 법한 상황이었다. 그리고 그때 내 영혼이 그야말로 깊은 공포심에 사로잡혔다는 것은 전혀 과장된 말이 아니다. 아버지는 키가 백구십 센티미터에 체중이 백이십 킬로그램이나 나갔으며, 검붉은 머리카락이 눈에 띄는 분이었다. 그 앞에서 누가 겁을 먹지 않을 수 있었겠는가?

이와 마찬가지로, 우리는 하나님의 존귀하신 성품들을 높이며 그분의 명령들에 온전히 순복해야 한다. 그리고 그 일에 실패할 때, 우리 존재의 가장 깊은 곳에서 두려움을 느끼는 것이 마땅하다. 전도서의 저자와 함께, 여기서 우리는 다음의 고백을 선포해야 한다. "… 하나님은 하늘에 계시고 [우리는] 땅에 있음이니라 그런즉 마땅히 말을 적게 할 것이라"(전 5:2하).

히브리어 '이라(흐)'의 다른 의미는 하나님을 향한 두려움의 더 온화한 측면과 관련이 있다. 이는 우리가 그분을 향해 느끼는 깊고 지속적인 경외심으로, 마치 이사야가 "높이 들리신 … 주님을 뵈었던" 때의 모습(사 6:1, ESV)이나 베드로가 예수님을 처음 마주했던 때의 모습(눅 5장)을 떠올리게 한다. 우리가 하나님을 참으로 두려워하는 것은 하나님과 그분의 길을 향한 이 경외심을 드러내는 방식으로 살아가는 일을 의미한다. 이 일에는 단순한 립서비스나 교회 출석의 수준을 훨씬 넘어서는 헌신이 요구된다. 그 가운데 우리 삶의 전 영역이 마땅히 포함되어야 하기 때문이다! 우리가 섬기는 하나님은 모든 시공간의 주인이시며, 그분의 주권은 그저 교회 건물이나 주일 아침에만 국한되지 않는다. 주님을 향한 두려움은 순간마다 이 진리를 우리에게 다시금 일깨우며, 그리하여 피조물인 우리는 깊은 경외감을 품고서 창조주이신 그분 앞에 나아가게 된다.

유진 피터슨은 주님을 향한 두려움의 본질을 다음과 같이 적절하게 표현한다. "자신이 그 거룩하신 분의 임재 앞에 있음을 문득 자각할 때, 우리가 맨 먼저 보이는 반응은 모든 일을 멈추고 침묵하는 것이다. 이때 우리는 어떤 행동도 하지 않고, 아무 말도 하지 않는다. 이는 부지중에 그분의 영역을 침범하거나 부적절한 말을 하게 될까 봐 염려하기 때문이다. 깊은 신비 속에 던져진 우리는 고요히 침묵하며, 이와 동시에 우리의 모든 감각이 깨어나게 된다. 이것이 바로 주님을 두려워하는 이의 참모습이다."[23]

---

23 Eugene H. Peterson, *Christ Plays in Ten Thousand Places: A Conversation in Spiritual Theology* (Grand Rapids: Eerdmans, 2008), 41. (『현실: 하나님의 세계』, IVP)

끝으로, 주님을 향한 두려움은 우리의 믿음과 관계가 있다. 나는 앙리 블로허와 마찬가지로, 구약의 그 개념이 신약의 '믿음'과 동일한 지위에 놓인다고 본다.[24] 우리 삶의 올바른 출발점은 하나님이 '스스로 계신 이'로서 만물의 위대한 창조주이심을 인식하고 그분 앞에 합당한 자세로 나아가는 데 있다. 이때 우리의 모든 지식과 경험, 지각과 관계가 비로소 제자리를 찾는다. 이런 의미에서, 주님을 향한 두려움은 우리 삶의 토대인 동시에 참된 지향점을 제시해 주는 일종의 신앙고백과도 같다.

지혜는 그저 지적인 것에 불과한가?

교회의 지적인 갱신에 관한 최근의 강연에서, 로완 윌리엄스는 많은 이가 '지적인'(intellectual)이라는 단어의 의미를 곧 '현실과 분리된'(detached from reality)으로 여긴다고 지적했다. 그는 이렇게 언급한다. "이때 '지식인'은 실제로 달걀 삶는 법을 모르면서도 그 주제를 다루는 논문을 써낼 줄은 아는 사람이 됩니다."[25] 이에 반해, 윌리엄스는 우리가 그 단어의 원래 의미를 되찾을 필요가 있

---

24 Henri Blocher, "The Fear of the Lord as the 'Principle' of Wisdom", *Tyndale Bulletin* 28 (1977): 27.
25 Rowan Williams, "The Intellectual Renewal of the Church", Vision Lectures, May 11, 2016, Wycliffe Hall, Oxford, UK, https://www.youtube.com/watch?v=MHa9etSOL7Y.

다고 주장한다. 그는 회복의 실마리가 그 단어의 라틴어 어원인 '인투스'(intus)에 있다고 보며, 이는 '내부' 또는 '안쪽'을 의미한다. 달리 말해, 여기서 윌리엄스는 지식인이 지금 논의 중인 사안이나 사물의 "속사정을 들여다보려" 하는 이들임을 시사하는 것이다.

그의 말은 지혜의 본질 역시 적절히 드러내 준다. 어떤 사안의 속사정을 깊이 들여다보는 일은 '현실과 분리된' 태도와는 지극히 상반되는 특징을 띤다. 우리의 지성은 우리의 두뇌와도 물론 긴밀히 연관되지만, 그것이 우리의 머리에만 머무르고 마음과 손발로 옮겨 가지 않을 때는 참된 의미의 '인투스'에 미치지 못한다. 그리고 이와 마찬가지로, 우리가 어떤 지식을 습득한다 해도 그것이 바르고 성숙한 분별력과 적용으로 이어지지 않는다면 진정한 의미의 지혜가 되지 못하는 것이다.

잠언의 관점에서, 지혜로운 이는 현실과 분리된 지식인이 아니다. 자기 앞에 놓인 주제가 무엇이든지 간에 속사정을 깊이 들여다보며 안팎을 제대로 헤아리려고 노력하는 사람이다. 여기서 그 주제는 경제학이나 생물학 같은 학문의 탐구 영역이 될 수도 있고, 홀로코스트의 생존자나 부모에게 버림받은 아이들의 인생 경험, 또는 세계적인 지도자들이 느끼는 압박감 같은 것이 될 수도 있다. 어떤 경우든, 지혜로운 이들은 문제의 핵심에 관심의 초점을 두면서 내용을 가능한 한 잘 파악하려고 애쓴다. 그들은 그런 노력을 충분히 기울이고 난 다음에 비로소 자신의 견해와 판단을 형성해 간다.

이런 삶의 접근 방식은 인간 경험의 복잡성을 존중한다. 어떤 이들이나 상황에 대한 의견을 형성하는 과정에서, 우리는 남들의 말을 제대로 듣지 않고 자기주장만을 내세우며 쉽게 분개할 때가 너무 많다(약 1:19). 그리하여 삶의 다양한 사안들에 관해 성급하고 잘못된 판단을 내리게 된다. 이는 그 사안에 관련된 사실들을 지나치게 단순화하며, 그것들을 다른 이들의 관점에서 미처 살피지 못했기 때문이다(심지어는 그 일을 일부러 거부하기도 한다).

그러나 성경의 지혜는 우리에게 "듣기는 속히 하고 말하기는 더디 하며 성내기도 더디 [할]" 것을 권고한다(약 1:19). 참된 지혜를 얻기 위해서는 예리한 지성 이상의 것들이 요구됨을 보여 주는 것이다. 그 일에는 우리의 머리와 가슴, 손발을 포함하는 전인격이 연관되니, 이를 통해 비로소 온전한 사랑과 인내, 자기 절제가 드러날 수 있기 때문이다. 그러나 이 진리를 등한시할 때, 사람들은 기이하게도 인간 이하의 존재, 곧 하나님의 형상으로 지음받은 자신의 본모습에 미치지 못하는 존재가 되어 버린다.

자신의 지성에만 관심을 둘 때, 우리는 서로 동떨어진 데이터들을 한데 모아 놓은 일종의 낡은 백과사전으로 전락한다. 그래서 폭넓은 사유의 일관성과 통합에 이르지 못하고, 올바른 이해와 적용에도 도달하지 못하는 상태로 남게 된다. 그리고 자기의 마음에만 주의를 쏟을 경우, 나라는 존재는 마치 공허한 감정과 공감의 집합체와도 같은 상태로 변질된다. 이때 우리는 사랑과 진리, 정의를 분별하고 촉진할 지성적인 사고력의 토대나 적절한 방향성을 상실하고 만다. 끝으로, 자신의 손발에만 치중할 때, 우리는 생산성과 실용성에만 몰두하는 일종의 기계가 되어 버린다. 그리고 삶의 경이와 아름다움을 전혀 음미하지 못하고, 주위의 모든 사안을 오로지 비용 대비 편익의 분석에 근거해서 평가하게 된다.

이에 반해, 진정으로 지혜로운 이들은 인내심과 분별력, 그리고 다른 이를 긍휼히 여기는 마음을 소유한다. 친구의 고민에 귀를 기울이고 함께 아파하며, 구체적인 상황 속에서 지혜의 길을 드러내기 위해 언제 무엇을 말해야 할지를 적절히 헤아린다. 그들은 잿더미 같은 삶의 형편 속에서도 아름다움의 편린들을 발견하고, 과거에 베푸셨던 하나님의 신실하신 손길을 기억하면서 담대한 확신을 품고 미래를 향해 나아간다. 또한 흉한 소식을 전혀 두려워하지 않으니, 이는 그 마음이 주님 안에 굳게 자리 잡고 있기 때문이다(시 112:6-8). 그리고 다른 이들의 견해를 겁내지도 않으니, 주님을 향한 두려움이 그 무엇보다 더 크기 때문이다. 이 삶의 방식을 따르는 사람들은 이웃을 돌아보고 어려움에 처한 이들을 너

그러이 대하며, 가난한 이들을 비롯한 타인들의 유익을 숙고한다. 또 열심히 일하고 적절한 휴식을 취하면서, 하나님이 맡기신 세상 만물을 살피고 배려하는 삶을 살아간다. 이것이 바로 **참된** 삶의 방식이다.

2세기에 리용의 주교였던 성 이레네우스는 이런 글을 남겼다. "하나님의 영광은 살아 있는 [인간 존재] 속에 있으며, [인간의] 참된 삶은 그분을 바라보는 데 있다."[26] 하나님이 우리를 구원하실 때, 먼저 우리는 부활하신 그리스도를 향한 믿음을 통해 새롭게 소생하게 된다. 그런 후 살아 계신 하나님의 성령으로 충만해져서, 하나님의 참된 지혜이신 그리스도와 함께 온전한 지혜의 길을 걸어가게 된다. 그 길은 지혜의 부르심에 귀를 기울이는 모든 이에게 진정한 생명을 주며, 하나님의 뜻을 받들도록 인도한다.

---

26 Irenaeus of Lyons, *Against the Heresies* 4.20.7 in The Ante-Nicene Fathers, vol. 1, ed. Alexander Roberts and James Donaldson (Peabody, MA: Hendrickson, 2012), 490.

| 읽 어 볼 글 들 |

- 잠언 1장 1-33절
- 시편 111편 1-10절

| 생 각 해 볼 질 문 |

01 '배움'(learning)과 '헤아림'(understanding)의 차이를 한번 숙고해 보라. 그 차이점을 당신 자신의 말로 어떻게 설명할 수 있는가? 그리고 그 개념들은 지혜를 얻는 일과 서로 어떻게 연결될까?

_____

_____

02 당신의 생각에, 성경의 지혜는 하나님 사랑과 이웃 사랑에 관한 큰 계명과 어떤 관계인가?

_____

_____

03 당신은 '주님을 향한 두려움'의 참된 의미를 어떻게 설명할 수 있는가? 삶에서 그분을 향한 올바른 경외심이 결핍된 영역은 어디이며, 그 두려움이 실제로 드러나는 영역은 어디인가?

_____

_____

5장

지혜, 창조, 그리스도
잠언 8장

"예수 그리스도는 하나님이 우리에게 주신 **바로 그** 지혜이시다. … 그분은 우리로 성령 안에서 그분의 마음을 품게 하심으로써 우리 **역시** 지혜롭게 만드신다."

- 대니얼 J. 트라이어,
"Wisdom" in *Dictionary of Theological Interpretation of the Bible*
〈성경의 신학적 해석 사전〉

이 장에서는 특히 잠언 8장에 제시되는 지혜와 창조, 그리스도 사이의 중요한 연결 고리를 살피려고 한다. 8장 22-31절은 4세기 초에 상당한 신학적 논쟁의 원천이 되었으며, 이는 마침내 주후 325년에 열린 최초의 에큐메니컬 공의회로 이어졌다. 그리고 당시 아리우스와 알렉산더, 아타나시우스 사이에서 벌어진 논쟁은 이미 오래전에 마무리되었지만, 잠언 8장의 내용과 그리스도 사이의 관계에 대해서는 여전히 다양한 해석의 여지가 남아 있다.

이 장에서의 목표는 잠언 8장의 내용에 근거해서 그리스도의 정체성에 대한 질문들에 전부 답하려는 데 있지 않다. 오히려 성부와 성자의 관계에 대한 니케아 신경의 고백을 기꺼이 받아들이면서 그분이 다음과 같은 존재이심을 확언하고자 한다.

〔그리스도는〕 만세 전에 성부에게서 나신 하나님의 독생자이시다. 그분은 빛에게서 난 빛이자 참하나님에게서 나신 참하나님이시며, 피조물이 아니라 하나님께로부터 나신 바 되었다. 그분은 성부와 동일한 본질을 소유하신 존재로서, 그분을 통해 세상 만물이 지음을 입었다.[27]

이 신조의 문구는 성경의 큰 주제로, 잠언에서 서로 결부되는 지혜와 창조, 그리스도의 개념들을 적절히 드러내며, 이 중요한 본문을 헤아리는 데 꼭 필요한 해석상의 길잡이를 제공해 준다.

---

27 "The Nicene Creed", in *Documents of the Christian Church*, 4th ed., Henry Bettenson and Chris Maunder, eds. (Oxford: Oxford University Press, 2011), 27.

잠언의 지혜이신 그리스도

잠언은 그리스도의 탄생보다 이미 수백 년 앞선 시기에 기록된 책이지만,[28] 우리는 그 지혜가 궁극적으로 그분의 인격 안에서 온전한 절정에 이른다는 점을 늘 기억해야 한다. 우리는 예수님과 지혜 사이의 필수적인 연결 고리를 일깨워 주는 신약의 여러 구절을 볼 수 있다. 그분은 "하나님의 능력이요 하나님의 지혜"이시며(고전 1:24; 12:8도 보라), "그 [안에] 지혜와 지식의 모든 보화가 감추어져 있[는]" 분이시다(골 2:3).

그러면 이 기독론적인 진리는 우리가 잠언을 읽는 방식에 어떤 영향을 미칠까? 이에 관해서는 다양한 견해가 있지만, 여기서는 그리스도를 해석의 중심 렌즈로 삼으면서 잠언에 접근해 보려고 한다. 하나님의 지혜이신 예수님은 이 땅에 계실 때 늘 하나님의 길로 행하셨으며, **그분 자신이** 바로 참된 길이시다(요 14:6). 예수님은 위로부터 임하신 완전한 지혜로서, "첫째 성결하고 다음에 화평하고 관용하고 양순하며 긍휼과 선한 열매가 가득하고 편견과 거짓이 없[는]" 분이시다(약 3:17).

예수님의 삶은 잠언의 지혜를 온전히 제시하는 하나의 본보기와 같았다. 그분은 성육신하신 하나님으로서 이 땅 가운데서 친히

---

28 이 책 1장의 "기록 연대와 저자" 부분을 보라.

지혜의 길로 행하셨다. 그분은 한 사람의 어린아이와 아들, 형제이자 벗, 목수로서, 그리고 무엇보다 '그리스도'로서 세상에서 하나님의 길을 생생히 드러내는 삶을 사셨다. 나아가서 우리 죄인들을 위한 그분의 희생적인 죽음은 승리에 찬 부활로 이어졌으며, 이를 통해, 나사렛 출신의 목수이신 주님은 온 세상의 왕으로 즉위하셔서, 그분의 길로 행하도록 지금도 자신의 백성을 계속 부르고 계신다. 이 예수님은 한 평범한 인간에 그치지 않으신다. 그분은 바로 하나님 자신이시며, 따라서 셋인 동시에 하나이신 하나님의 신적인 본성에 참여하고 계신다. 그리고 지혜는 바로 이 신적인 본성의 표현 방식 중 하나이다.

우리는 성육신하신 그리스도 안에서 하나님의 지혜를 볼 수 있다. 그분의 삶 속에 "하나님의 모든 충만하심이 친히 거하기를 기뻐하셨기" 때문이다(골 1:19상, NRSV). 창조주이신 그분이 창조 세계의 일원이 되셨으며(그러나 피조물은 아니시다), 그분을 통해 온 세상이 치유되고 있다. 그리고 그 치유는 먼저 예수님을 믿는 우리 신자들의 삶 속에서 시작된다. 우리가 그분의 뜻을 좇아 행할 때, 하나님께 속한 삶의 방식을 예수님 안에서 드러내며 세상에 생명을 베푸시는 그분의 사역에 동참하게 된다. 그리하여 우리의 삶은 예수님이 친히 가르치신 다음의 기도에 부합하는 방향으로 나아간다. "나라가 임하시오며 뜻이 하늘에서 이루어진 것같이 땅에서도 이루어지이다"(마 6:10).

다시 해석의 문제를 논하자면, 우리의 접근 방식은 다음의 두 가지를 시사한다. 첫째, 하나님의 지혜이신 그리스도를 늘 기억하면서 잠언의 본문들을 다루어 나가야 한다. 그리고 둘째, 본문들에 담긴 지혜의 길이 모두 예수님 안에서 절정에 이른다는 점을 늘 고려하면서 잠언을 숙고해야 한다. 이러한 접근법은 모든 성경이 그분을 증언한다고 말씀하시는 예수님 자신의 가르침과도 부합한다(눅 24장; 요 5장). 이로 인해 잠언이 성경의 다른 부분들처럼 메시아적이거나 예언적인 성격을 띠게 되는 것은 아니지만, 다른 한편으로 예수님이 모든 지혜의 중심에 계신다는 점 역시 간과해서는 안 된다.

예수님은 자신의 사역을 통해 하나님께 속한 지혜의 길을 다시 확립하셨다. 그리고 이 진리는 특히 이 땅에서 그분의 삶과 사역이 지녔던 구속과 회복의 측면들을 강조해 준다.

> **잠언의 그리스도 중심적이며 그리스도 지향적인 독법들**
> 우리의 잠언 독법은 '그리스도 중심적'(Christocentric), 곧 그리스도를 모든 해석의 중심에 두는 성격을 띠는가? 어떤 의미에서는 분명히 그러하다. 다만 우리는 본문의 시야를 지나치게 축소하면서 잠언의 모든 구절에서 오직 예수님과 연관되는 의미만을 찾아내는 일은 피하려 한다. 나아가서, 우리의 잠언 독법은 '그리스도 지향적'(Christotelic), 곧 그분을 각 본문의 궁극적인 목표로 여기는 성격을 띠는가? 아마도 예수님이 성경적인 지혜의 정점에 계시며, 이는 그 지혜의 본질이나 우리로 하여금 하나님 앞에

서 신실하게 살아가도록 인도하는 그것의 기능 모두에서 그러하다는 점을 기억하고 고백하는 면에서는 맞다. 다만 우리의 독법이 일종의 예언적인 관점에서 '그리스도 지향적'인 특성을 띠는 것은 아니다. 물론 예수님은 지혜의 정점에 계시지만, 그분이 율법의 성취 혹은 목표(헬: *telos*)이신 것과 동일한 방식으로 지혜를 성취하신 것은 아니다(롬 10:4). 예수님은 둘째 아담으로 이 땅에 오셨으며, 첫 아담이 상실하고 자신의 죄로 왜곡시켜 버린 것들을 다시금 되찾고 회복시키셨다.

잠언 8장 22-31절

그러면 잠언 8장에서 스스로를 '지혜'로 지칭하는 신비한 인물은 누구일까? "명철로 주소를 삼[는]"(8:12) 동시에 선한 책략과 통찰, 능력을 지닌 이(8:14), 그로 말미암아 "왕들이 치리하[고] 방백들이 공의를 세우며"(8:15, 16), "정의로운 길로 행하[고] 공의로운 길 가운데로 다니[는]" 그는 과연 누구인가?(8:20)

우리는 예수님이 바로 그 인물이시라고 얼른 답할 수 있을 것이다. 하지만 잠언 저자는 그렇게 단순한 태도를 취하지 않는다. 22절을 보자(NRSV).

주께서 그 행하심의 시초에 나를 지으셨으니,
   이는 그가 오래전에 행하신 첫 번째 사역이니라.

예수님을 이 인격화된 지혜(원문에 따르면 그 인물은 한 여성이다)와 쉽게 동일시하는 일은 잠재적으로 그분을 하나의 피조물로 만드는 결과를 낳을 수 있다. 이는 4세기 초에 기독교회가 정죄했던 유명한 아리우스주의 이단과 같다.

8장에 언급되는 이 '지혜'라는 인물을 어떻게 이해해야 할까? 아마도 그 인물은 그리스도인들이 예수님께 속한 것으로 간주하는 속성 중 일부를 지칭하는 것으로 보인다. 그가 창조의 으뜸(또는 '맏이')이 되었으며, 다른 모든 것이 지음받기 전에 태초부터 하나님과 함께 있었을 뿐 아니라 만물이 그를 통해 창조되었다는 점 등에서 그렇게 추측할 수 있다.

우리가 이 본문에 관해 어떤 결론을 내리든지 간에, 적어도 다음의 세 가지는 분명하다. 첫째, 그 '지혜'와 창조, 그리고 예수님 사이에는 일종의 (신비하면서도) 필수 불가결한 관계가 있다. 둘째, 그 '지혜'와 (하나님의 말씀[헬: *logos*]이신) 성자 예수님은 모두 세상 만물이 생겨나기 전에 하나님과 함께 존재했다. 나아가서 셋째, 그 '지혜'와 예수님, 그리고 성부 하나님 사이에는 일종의 구분이 있다. 이 셋이 서로 밀접히 연결되어 있지만, 모든 측면에서 동일한 것은 아니기 때문이다.

대니얼 트라이어는 자신의 잠언 주석에서, 이 본문에 관해 하나의 유익한 접근법을 제시한다. 첫째, 22절의 히브리어 단어 '카나흐'(*qanah*)를 "지으셨다"(created)로 옮기기보다는 "얻으셨다"(acquired)나 "낳으셨다"(begot)로 번역하는 편이 더 적절하다고 언급한다.[29] 이 작지만 중요한 요점은 본문에 대한 기독교의 여러 독법에 담긴 우려를 많이 해소시켜 주는 역할을 한다.

둘째, 이 잠언 본문이 일종의 시임을 기억하는 일의 중요성을 강조한다. "성경의 창조 개념에는 은유적인 용법이 자주 나타나며, 결국 이 본문은 시의 성격을 띠고 있다."[30] 그렇기에 우리는 성경의 직접적이고 교훈적인 본문들에 적용되는 것과 동일한 방식으로, 문자적인 의미의 잣대를 이 본문에 가져다 댈 필요가 없다는 것이다.

셋째, 빌립보서 2장 5-11절을 곧 잠언 8장 22-31절의 신비를 밝혀 주는 하나의 중요한 연결 고리로 여긴다. "하나님은 우리 인간들이 지혜의 길로 행하도록 창조하셨다. … 그리고 빌립보서 2장 5절은 그 지혜의 목표가 어디에 있는지를 보여 준다. '너희 안에 이 마음을 품으라. 곧 그리스도 예수의 마음이니.'"

트라이어는 다음과 같이 자신의 논증을 이어 간다.

빌립보서 2장 6-11절은 예수 그리스도 안에 그 부르심의 근거를 둠으로써 지혜의 신적인 원천이 어디에 있는지를 보여 준다. 그분은 이 땅에 내려오셨다가 다시 승천하셨으며, 낮아진 후에 다시

---

29 Daniel J. Treier, *Proverbs and Ecclesiastes,* Brazos Theological Commentary on the Bible (Grand Rapids: Brazos, 2011), 48.
30 Treier, *Proverbs and Ecclesiastes*, 48.

높아지셨다. 우리 인간들의 존재는 그 낮아짐의 절정을 부드럽게 반영하며, 빌립보서에 담긴 바울의 호소가 효력을 발휘하는 것도 바로 예수님의 삶 속에서 그 **신적인** 낮아지심을 보게 되기 때문이다. … 빌립보서 2장에서는 성육신을 언급하지만, 잠언 8장에서는 그리하지 않는다. 하지만 빌립보서 2장에는 후자의 것과 유사한 논리가 담겨 있으니, 우리가 지혜에 이르기 위해서는 신적인 낮아짐과 인간적인 형태 **모두가** 요구되기 때문이다.[31]

넷째, 트라이어는 이렇게 주장한다. "따라서 예수 그리스도의 존재가 잠언 8장의 해석을 궁극적으로 더 복잡하게 만드는 것은 아니다. 오히려 그분의 존재는 본문 속에 잠재해 있는 신비, 곧 사람들이 명확히 알아채지 못할 때도 그 속에 늘 담겨 있던 신비에 대한 참된 해답을 제시한다."[32]

끝으로, 트라이어는 잠언 8장 22-31절에 대한 성 아타나시우스의 관점이 하나님의 아들이신 그분을 (창조주가 아닌) 일종의 피조물로 여긴 아리우스주의적인 해석의 "문제점을 바르게 파악해 내고 있음"을 지적한다.[33] 이 사안에 관한 그의 결론적인 언급은 길게 다루어 볼 가치가 있다.

---

31 Treier, *Proverbs and Ecclesiastes*, 50-51.
32 Treier, *Proverbs and Ecclesiastes*, 51.
33 Treier, *Proverbs and Ecclesiastes*, 51.

잠언 8장을 일종의 기독론적인 본문으로 해석하는 일은 우리가 창조와 구속 가운데 어느 한쪽에 잘못 치우치지 않고 양자를 함께 붙들 수 있게 해 준다. ⋯ 하나님은 그리스도 안에서 참된 지혜, 곧 인격적이고 구속적인 그분의 지혜로써 우리를 대면하시며, 이는 그분의 신적인 주도권에 대한 우리 자신의 전인격적인 응답을 불러오게 된다. 언약적인 삶은 곧 창조의 갱신을 의미하며, 우리 피조물들의 삶은 궁극적으로 하나님과의 언약적인 교제를 위해 지음받았다. ⋯

그러므로 우리가 예수 그리스도의 존재에 비추어 8장 31절을 해석할 때, 본문의 의미가 생생히 살아난다. ⋯ 예수 그리스도는 자기 앞에 놓인 기쁨을 위해 십자가의 고난을 감내하셨으니(히 12:1-2), 이는 창조 세계 전반과 특히 (그분의 형상을 지닌) 우리 인간들을 위한 하나님 자신의 깊은 헌신에서 유래하는 것이었다. 성자이신 예수님은 성부 하나님의 성품을 함께 공유하시며, 이제는 우리도 그분의 은혜로써 그 성품에 참여하게 된다.[34]

---

34 Treier, *Proverbs and Ecclesiastes*, 57. 잠언 8장 22-31절은 신학적으로 상당히 까다로운 구절로서, 치열한 논쟁의 역사를 간직하고 있다. 우리는 물론 트라이어가 '카나흐'(*qanah*)를 "지으셨다"(created)로 번역하는 일에 너무 관심을 보이지 않는다고 여길 수도 있다. 하지만 그는 그리스도인 독자들의 입장에서 기껏해야 모호하게 해석되는 그 본문에 관해 너무 적지도, 반대로 너무 많지도 않은 내용을 언급함으로써 건전한 접근법을 제시하고 있다. 우리는 또한 밴 르우윈과 마찬가지로, 잠언 8장의 지혜가 이사야서 7장 14절의 예언과 유사하게 다양한 대상을 지칭한다고 볼 수 있다. 물론 잠언 8장이 그 이사야서 본문과 동일한 방식으로 예언적인 성격을 띠는 것은 아니다. 하지만 이사야서 7장 14절

앞에서 언급했던 이야기를 재차 강조하면서 이 장의 논의를 마치려 한다. 성경의 '지혜'와 창조 세계, 그리고 예수님 사이에는 일종의 신비스럽고도 필수 불가결한 관계가 존재한다. 여기서 잠언 8장 22-31절의 신학적인 매듭을 너무 완벽하게 풀어내려고 애쓸 필요는 없다. 앞에서 트라이어가 언급했듯이, 그것은 '지혜'와 창조 세계 사이의 필수적인 관계를 강조하는 데 목적을 두는 일종의 시적인 본문이기 때문이다. 잠언 8장은 욥기 38-41장에서 주님이 욥에게 힐문하실 때 그가 깊은 충격에 빠져 침묵했던 일에 관한 하나의 철저한 응답과도 같다. 욥은 자신이 주님의 원대한 경륜과 만물을 창조하신 능력에 관해 "[내가] 스스로 알 수도 없고 헤아리기도 어려운 일을 말하였[다]"고 고백할 수밖에 없었지만(욥 42:3), 잠언의 이 '지혜'는 주님이 하늘을 지으시고 그것을 깊은 바다 위에 두르실 때 "내가 거기 있었[다]"고 확언할 수 있었다(8:27).[35]

의 내용이 아하스의 시대와 예수님의 탄생 모두를 가리키듯, 잠언 8장 역시 다양한 의미를 내포하고 있다(Van Leeuwen, *Proverbs*, 96-99를 보라). 이는 성경의 정경 전반에 걸쳐 존재하는 신학적 통일성의 기능 중 하나로 간주될 수 있을 것이다.

35 이 유익한 표현법에 관해, 페리스 L. "칩" 맥대니얼 박사께 특히 감사를 드린다.

| 읽 어 볼 글 들 |

- 잠언 8장 1–36절
- 고린도전서 1장 18–25절
- 골로새서 1장 15절–2장 3절

| 생 각 해 볼 질 문 |

01 어떤 본문을 해석할 때 그 장르를 숙고하는 일이 중요한 이유를 헤아려 보라. (잠언 8장에 담긴 것과 같은) 성경의 시들은 (사도행전 등의) 역사서나 (로마서 등의) 편지들과 어떻게 다른 방식으로 해석할 수 있을까?

02 잠언의 모든 구절을 예수님과 연관 짓지는 않더라도, 그분이 "하나님의 능력이요 하나님의 지혜[이심]"(고전 1:24)을 기억하고 고백하는 일은 우리가 잠언의 내용들을 명확히 파악하는 데 어떻게 도움을 줄까?

03 그리스도와 '지혜', 창조 사이의 관계를 당신 자신의 말로 표현해 보라. 그리스도와 '지혜'는 이 창조 세계와 어떤 관계가 있는가? 이 관계를 숙고하는 일은 우리가 하나님의 피조물로 살아가는 방식에 어떤 영향을 미치게 될까?

6장

두 여인과 두 길

잠언 9장

"우리는 누구와 저녁 식사를 해야 할까? 여호와 하나님의 지혜, 혹은 그분 자신을 표상하는 '지혜로운 여인'과 함께 있는 것이 옳을까? 아니면 주위 나라들의 거짓 신들을 대변하는 '어리석은 여인' 곁에 머물러야 할까?"

– 트렘퍼 롱맨 3세, *Proverbs*(잠언 주석)

잠언에서 여인들은 중요한 역할을 한다. 실제로 '지혜로운 여인'은 그 책에서 다른 어떤 인물보다도 더 주된 위치를 차지하고 있다. 이를테면 잠언은 그 여인의 길을 좇아 살아가는 일을 다룬 책으로 요약될 수 있을 정도이다.

그런데 잠언에서 큰 관심의 대상이 되는 또 다른 인물이 있으니, '어리석은 여인'이다. 이 후자의 여인은 모든 지점에서 '지혜로운 여인'과 서로 대립하며, 자신의 치명적인 매력과 아름다움을 이용해서 세상 남녀가 지혜의 길 대신에 어리석은 멸망의 길로 행하게끔 만들고자 한다.

앞선 장들에서 살폈듯이, 이 '두 길'의 주제는 잠언 전체에 걸쳐 중요하게 다루어진다. 그런데 그중에서도, 9장만큼 이 주제가 명확히 드러나는 본문은 없다.

9장은 잠언의 '교차로'와 같아서, 독자들이 장차 어떤 길로 걸을지를 결정하도록 촉구하기 위해 이 부분에 전략적으로 배치된 본문이다. 그리고 '길'의 경우와 마찬가지로, '걷기'라는 주제 역시 구약과 신약 모두에 걸쳐 중점적으로 제시되고 있다. 그뿐만 아니라 이 주제는 자주 '길'(또는 '방향')의 모티브가 표현되는 맥락 속에서 함께 나온다. 인간의 가장 일상적인 활동 중 하나인 '걷기'는 지금 이 본문에서 하나님과 동행하는 선한 삶의 모습을 생생하고 호소력 있게 묘사하며, 이를 통해, 하나님을 경외하는 이들로 하여금 그분의 길로 행하며 세상 속에서 그 길의 옳음을 드러낼 것을 촉구한다. 지금 이 책 『하나님의 지혜 안에서 걷다: 잠언』의 제목에서 드러나듯이, 잠언은 곧 우리에게 하나님의 길로 걸을 것을 가르치는 책이다.

그렇다면 9장의 본문에서 '지혜로운 여인'에 관해 실제로 배울 수 있는 것은 무엇일까? 여기서는 그 탁월한 인물에 관해 적어도 두 개의 주된 요점을 발견할 수 있다.

지혜로운 여인은 부지런히 일한다

9장의 첫 두 절에서, 지혜로운 여인은 자신의 집을 짓고 일곱 기둥을 다듬으며 짐승을 잡고 포도주를 혼합하여 상을 갖춘다. 초대한 손님들을 맞기 위함이며(9:1-10), 우리 중 어떤 이들은 이 두 구절의 내용을 읽는 것만으로도 상당히 고단하다는 느낌을 받는다! 이처럼 이 여인은 고된 수고를 마다하지 않는다. 그녀는 집 안 구석구석을 솜씨 있게 돌보며, 근면한 노력의 가치와 숙련된 노동의 비결을 잘 헤아리고 있다.

이 모든 것은 지혜의 본질과 인간적인 수고의 역할, 그리고 세상을 향한 하나님의 의도에서 지혜와 일이 어떻게 전략적으로 접목되는지를 가르쳐 준다. 이러한 내용들은 이후의 장들에서 더 자세히 다루어 보겠고, 다만 여기서는 (게으름이 아닌) 근면이 그 여인의 핵심 성품임을 언급해 두는 바이다. 그녀는 빈둥대면서 시간을 허비하지 않고 부지런히 일한다. 그리고 이 9장 본문에서, 그녀의 목적은 특히 자신의 손님들에게 유익을 주고자 하는 데 있다.

지혜로운 여인은 친절하고 관대하다. 본문에 언급된 다섯 개의 동사('짓다'와 '다듬다', '잡다'와 '혼합하다', '갖추다')는 여인이 자신의 집에 와서 떡과 포도주를 먹고 마실 손님들을 위해 정성껏 준비하고 있음을 보여 준다(9:5). 실제로는 이런 신체 활동 중 어느 하나만 하더라도 열심 있는 일꾼들의 체력을 소진시키기에 충분할 정도이다. 그리고 대개의 경우라면, 자신과 가족을 제외한 다른 누군가를 위해 이런 노력을 쏟으려 드는 이는 거의 없을 것이다.

그러나 지혜로운 여인은 손님들을 위해 사심 없이 최선을 다해 식사를 준비한다. 그녀의 모든 활동은 다른 이들을 섬기기 위함이며, 그녀는 그들의 유익을 위해 자신의 삶을 기꺼이 내놓는다. 곧 자신의 집을 방문하는 이들에게 복을 베풀기 위한 준비를 무엇보다 우선시하는 것이다. 혹시 당신의 귀에는 이 말이 익숙하게 들리는가? 하나님은 그분의 백성을 위해 바로 이런 일들을 행해 오셨다. 그분은 특히 자신의 아들인 예수님의 인격 안에서 이와 같이 행하셨다.

만물의 설계자이신 주님은 하나님 사랑과 이웃 사랑이 삶에서 가장 큰 법임을 가르치셨다(막 12장). 그렇기에 본문의 지혜로운 여인 역시 그러한 방식으로 자신의 삶 전체를 정돈하고 있다. 그녀는 자신의 유익보다 남들의 유익을 우선시하며, 자아를 향한 집착에서 벗어나서 하나님과 이웃 사랑의 대의에 헌신한다. 달리 말해, 그녀는 참된 지혜의 길로 걸으며 또 행하고 있다!

지혜로운 여인은 우리를 의의 길로 부르며 생명을 베푼다

1-2절의 수고에 이어, 지혜로운 여인은 자기 여종들을 "성중 높은 곳"으로 파송한다(3절). 이 구절을 브루스 월키는 이렇게 설명한다. "[그녀가] 자기의 여종을 보내는 것은 … 이제 잔치가 다 준비되었음을 의미한다." 여기서 여종들은 일종의 "교육적인 사명"을 띤 지혜의 교사들과 같은 역할을 한다. 즉 그들의 임무는 이 지혜의 학교에 참석할 학생들을 불러 모으는 데 있는 것이다. 이는 어리석은 여인의 경우와 상반되며, 어리석은 여인의 과업은 사람들을 유혹해서 자기 침실로 끌어들여 죄를 짓게 만들려는 데 있다.[36]

우리는 지혜로운 여인이 "성중 높은 곳"에서 사람들을 불러 모으는 일에 담긴 의미를 주목해야 한다. 그녀는 왜 성전에서 그렇게 하지 않을까? 영적인 일들에 가장 깊이 헌신된 이들이 모여드는 그곳에서 사람들을 모집하는 것이 더 온당하지 않겠는가? 그곳은 바로 하나님이 거하시는 장소이니, 최상의 지원자들을 찾는 일도 오직 그곳에서만 가능하지 않을까?

물론 지혜의 부름은 성전에서도 이루어지지만, 그 부름이 그곳

---

36 Waltke, *The Book of Proverbs*, 435. 이 단락의 일부분에서 월키는 다음의 주석을 인용하고 있다. William McKane, *Proverbs: A New Approach* (Philadelphia: Westminster, 1970), 360.

에서만 드러나는 것은 아니다. 본문에 나오는 "성중 높은 곳"은 우리 삶의 터전에 속한 모든 장소를 아우른다. 시내 중심가와 시장, 극장과 가정, 대장간과 목공소, 은행과 학교, 철물점과 식당, 그리고 예배당 등이다. 달리 말해, 그 지혜의 부름은 지금 우리 삶의 전 영역에서 울려 퍼지고 있다!

그러면 부름의 대상은 누구일까? 남자들일까? 여자나 어린이들일까? 미국인들일까? 아니면 아프리카인 혹은 아시아인들일까? 이에 대한 답은 바로 그들 모두라는 것이다!

지혜의 부름은 성별이나 인종, 혹은 다른 지정학적 구분에 근거해서 누군가를 차별하지 않으며, 특정한 시간과 장소에 국한되지도 않는다. "지혜는 하나의 총체적인 개념"이며, 그 초청은 모든 시대와 지역에 속한 온 인류에게 적용되는 것이다.[37] 나아가서 월키는 이렇게 언급한다. "이 은유는 '**지혜가 각 성읍에 거주하는 모든 이들과 그들의 삶 전체에 접목된다**'는 진리(1:20-21과 8:1-4을 보라)를 다시금 극적인 방식으로 전달한다. 그리고 이 설정이 '어리석은 여인'에 관한 본문에서 반복되는 것은 후자의 여인이 자칫 속이기 쉬운 자들의 마음을 얻기 위해 지혜로운 여인과 경쟁하고 있음을 보여 준다(9:14을 보라)."[38]

---

37 Van Leeuwen, "Wisdom Literature", 848.
38 Waltke, *The Book of Proverbs*, 436. 강조점은 내가 덧붙였다. 그리고

잠언은 모든 사람이 하나님의 형상을 드러내는 존재로 지음받았음을 전제로 삼는다. 그렇기에 우리에게는 일종의 공동 대리자들로서, 모든 시간과 장소에서 그분의 길로 행할 책임이 있다. 우리는 창조주 하나님의 영광을 선포하는 동시에 그분과 이웃을 향한 깊은 사랑을 촉진하는 삶을 살아가야 한다. 그런 면에서, 우리의 인간성은 (1) 우리의 피조물 됨(창조주께 철저히 의존하는 존재)과 (2) 우리가 몸과 영혼을 지닌 이들로서 물질적인 동시에 비물질적이고 가시적인 동시에 비가시적인 존재라는 사실 모두에 긴밀히 연관되어 있다. 너무도 오랫동안, 우리 그리스도인들은 자신의 육체가 기껏해야 우리의 존재에서 부차적인 성격을 띨 뿐이며 심지어 불필요하기까지 하다고 생각해 왔다.

하지만 성경의 가르침은 우리가 육체적인 존재로 지음받은 일이 하나님의 분명한 목적에 따른 것임을 증언한다. 그렇기에 우리는 몸과 영혼 모두에 근거해서 창조 세계를 누리고 경험하게 되는 것이다. 이 점에 관해서는 우리가 숙고하고 살필 내용이 아주 많지만, 여기서는 다만 그분의 지혜와 인간 존재들 사이의 연관성을 부각하려는 데 초점을 두겠다. 물론 지금도 세상 만물이 하나님의 지혜를 드러내지만, '지혜로운 여인'(이는 실제로 하나님 자신을 표상한

잠언 8장 4-11절에서도 지혜의 부름이 모든 사람 앞에 제시된다.

다)은 특히 그분의 형상으로 지음받은 우리 인간들이 세상 속에서 주님의 길을 보존하며 발전시키기를 기대한다.

비록 죄가 하나님의 창조 세계를 부패시키고 변질하게 만들며 그릇된 방향으로 이끌어 가기는 했지만, 세계 자체가 악한 곳으로 바뀌어 버린 것은 아니다. 지금 하나님을 두려워하는 우리 신자들은 지혜로운 여인을 본받아서 진리를 전하고 의를 드러내야 한다. 그리고 매일의 삶 속에서 바른길이 어디인지를 사람들 앞에 생생히 보여 주어야 하는 것이다.

잠언 8장과 9장은 모두 "어리석은" 자들, 말 그대로 순진하고 미숙하며 대개는 나이가 어린 자들을 향해 지혜의 부름을 전한다. 이제 외관상 이 묘사에 부합하는 이들은 바르게 앉아서 성경의 교훈을 배울 준비를 해야 할 것이다. 그런데 자신이 어리석거나 미숙하지 않기에 그 부름이 자기에게는 해당되지 않는다고 여기는 이들 역시 준비를 하는 편이 바람직하다. 9장 9절에서 이들에 관해 이렇게 언급하기 때문이다. "지혜 있는 자에게 교훈을 더하라 그가 더욱 지혜로워질 것이요 의로운 사람을 가르치라 그의 학식이 더하리라."

그렇다면 '지혜'는 자신의 부름에 응답하는 이들에게 무엇을 가르치는가? 이 물음에 관해서는 사실 잠언 전체(실제로 성경 전체)가 답을 제시하지만, 특히 9장 5-10절에서 그 '지혜'의 길에 담긴 깊이를 간단히 엿볼 수 있다. 그녀는 먼저 "내 식물을 먹으며 내 혼합한 포도주를 마시[는]" 이들에게 생명을 약속하는 것으로 자신의 말을 시작한다. 이는 일종의 복음 전도로, 아직 생명의 메시지를 듣지 못한 이들에게 와서 그 말씀을 들을 것을 권고하는 것이다.

> 너는 와서 내 식물을 먹으며
>   내 혼합한 포도주를 마시고
> 어리석음을 버리고 생명을 얻으라
>   명철의 길을 행하라(9:5-6)

생명의 약속

이처럼 지혜가 생명을 약속한다는 것은 실로 중대한 주장이다. 성경 전체의 가르침을 살필 때, 우리에게 참된 생명을 베푸는 것은 곧 삼위일체 하나님(성부, 성자와 성령)과 성경 그 자체(하나님의 말씀)이다. 그러면 이 본문에서 생명을 준다는 말은 무슨 뜻일까? 지금 우리의 관점에서, 지혜가 주는 생명은 곧 각각의 피조물로 하여금 자신의 지음받은 목적대로 살아가게 하는 능력을 가리킨다. 이때 우리는 하나님의 길로 걷게 되는 것이다.

앞에서 언급했듯이, 성 이레네우스는 다음과 같은 탁월한 글을 남겼다. "하나님의 영광은 충만한 생명을 누리는 인간의 존재 가운데서 드러난다."[39] 그의 글에 담긴 정서는 지혜로운 여인이 그녀의 식탁에 와서 먹고 마시라고 초청하는 것과도 깊이 공명한다. 그리고 이 모든 내용은 요한복음 6장의 메시지와도 밀접히 연결되는데, 이 신약의 본문에서 예수님은 자신이 세상에 생명을 주러 오셨음을 선포하신다.

여기서 잠시 그분의 말씀을 들어보자.

하나님의 떡은 하늘에서 내려 세상에 생명을 주는 것이니라 그들이 이르되 주여 이 떡을 항상 우리에게 주소서 예수께서 이르시되 나는 생명의 떡이니 내게 오는 자는 결코 주리지 아니할 터이요 나를 믿는 자는 영원히 목마르지 아니하리라 …
나는 하늘에서 내려온 살아 있는 떡이니 사람이 이 떡을 먹으면 영생하리라 내가 줄 떡은 곧 세상의 생명을 위한 내 살이니라 하시니라 …
예수께서 이르시되 내가 진실로 진실로 너희에게 이르노니 인자의 살을 먹지 아니하고 인자의 피를 마시지 아니하면 너희 속에 생명이 없느니라 내 살을 먹고 내 피를 마시는 자는 영생을 가졌고 마지막 날에 내가 그를 다시 살리리니 내 살은 참된 양식이요

---

39 Irenaeus, *Against the Heresies* 4.20.7, 490. 이는 이레네우스의 글을 다소 대중적인 문체로 옮긴 표현이다. 더 문자적인 번역문은 다음과 같다. "하나님의 영광은 살아 있는 인간(혹은 인간 존재)이다."

내 피는 참된 음료로다 내 살을 먹고 내 피를 마시는 자는 내 안에 거하고 나도 그의 안에 거하나니(요 6:33-35, 51, 53-56)

그리스도의 이 말씀은 신약 성경의 가장 심오한 구절 중 하나로, 여러 세기에 걸쳐 그리스도인들이 성찬(주의 만찬)을 이해하는 방식을 둘러싸고 벌였던 수많은 논쟁의 중심에 놓여 왔다. 지금 여기서는 성찬 관행의 문제를 다루려는 것은 아니다. 다만 자신의 식탁에 와서 먹고 마시라는 지혜의 초청과 그분 자신을 먹고 마시라는 예수님의 부르심 사이에 뚜렷한 연관성이 있음을 강조하는 바이다. 이는 곧 양자 모두가 우리에게 생명을 약속하기 때문이다!

성경의 지혜는 우리에게 그리스도를 먹고 마시라고 호소한다. 그분이 우리의 주린 영혼을 채우고 만족시키는 떡과 포도주가 되시기 때문이다. 가장 평범하면서도 필수적인 인간의 활동 중 하나인 바로 이 식사를 통해, 우리는 그분의 영원한 생명을 섭취하게 된다. 우리 앞에 주어지는 이 '그리스도'라는 음식은 세상의 다른 음식들과 달리 일시적인 성격을 띠지 않는다. 지금 우리의 신체에 에너지와 영양분을 공급하는 한 끼의 식사는 다시 허기가 질 때까지 몇 시간 정도만 우리를 지탱해 줄 뿐이지만, 그분의 양식은 우리에게 영원한 생명을 베풀어 준다.

몇 년 전에 나는 가까운 친구이자 멘토인 어떤 분과 대화를 나누다가, 그리스도인의 삶에서 제자도가 지니는 의미와 그 정의에 관하여 물어본 적이 있다. 그러자 그분은 이렇게 답했다. "제자도는 사람들로 하여금 예수님을 먹고 마시도록 가르치는 것입니다." 솔직히 말해, 당시 곧바로 든 생각은 이러했다. '이 주제에 관해 이제껏 들어 본 말 중에 가장 이상한 주장이군.' 하지만 후에 그 말을 계속 숙고하다 보니, 그 속에 담긴 진리가 내 마음 깊숙이 울려 퍼지면서 성경의 참뜻을 일깨워 주는 것을 경험했다.

잠언의 '지혜로운 여인'과 예수님은 모두 세상을 향해 다음과 같이 초대하고 있다. "이리 와서 나를 먹고 마시라. 내게는 참된 생명과 그 길이 있으니, 이는 지금뿐 아니라 앞으로도 영원히 이어지게 될 것이다." 히브리서 6장이 우리에게 그리스도께서 우리의 영원한 대제사장이심을 알려 주듯, 잠언 9장은 하나님의 지혜이신 그분이 우리의 영원한 음식이 되심을 확언한다. 이는 결국 우리가 먹는 것들이 우리의 정체성을 이루기 때문이다.[40]

---

40 Alexander Schmemann, *For the Life of the World: Sacraments and Orthodoxy* (Crestwood, NY: St. Vladimir's Seminary Press, 1973)를 보라. (『세상에 생명을 주는 예배』, 복 있는 사람)

지식과 지혜의 시작

"여호와를 두려워하는 것이 지혜의 시작이요 거룩하신 자를 아는 지식이 명철이니라"(9:10, NIV). 잠언 저자는 9장 7-9절에서 지혜로운 말들의 본보기를 제시한 뒤, 이제 이 구절에서 참된 지혜의 시작점이 어디인지를 일깨운다. 그것은 바로 주님을 향한 두려움에 있다는 것이다. 그리고 이 10절은 잠언 서두의 단락과 더불어 일종의 수미쌍관법을 이루니, 곧 "여호와를 두려워하는 것이 지식의 시작이다"(1:7, NIV)에서 시작해서 이 구절의 "여호와를 두려워하는 것이 지혜의 시작이다"로 끝을 맺는 구조이다.[41] 이제 많은 사람이 "지식"과 "지혜"를 (본질적으로 같은 개념을 지칭하는) 일종의 동의어로 받아들인다. 두 표현 사이에는 얼마간의 개념적인 유사성이 있지만, 우리가 고려해야 할 중요한 차이점들도 존재한다.

먼저 지식의 본질을 살핀 후에 지혜의 경우를 생각해 보기로 하자. 우리는 지혜가 없이도 지식을 소유할 수 있지만, 반대로 지식이 없이 지혜를 소유하는 것은 불가능하다. 따라서 둘은 서로 연관되어 있으나 완전히 동일하지는 않다. 이 중에서 더 기본적인

---

41 잠언 1장 7절에서 "지식"으로 번역되는 히브리어 단어는 '다아트'(*da'ath*)이며, 9:10에서 "지혜"로 번역되는 단어는 히브리어 구약 성경에서 '지혜'를 나타내는 데 흔히 쓰이는 '호크마'(*hokmah*)이다.

것은 우리의 지식으로, 그것은 우리의 올바른 지혜 구축을 위한 일종의 재료 역할을 한다. 그런데 이 지식은 또한 지독한 어리석음의 형성에 기여하게 될 수 있으며, 그 지식이 아무리 높다 해도 그렇게 될 수 있다. 실제로 역사상 매우 악명 높은 범죄자 중 일부는 놀라울 정도로 똑똑하고 영리하며 어느 정도 분별력을 갖추기까지 한 자들이었다. 하지만 그들에게는 참된 지혜가 없었던 것이다.

여기서 요점은 주님을 향한 두려움이 지식과 지혜 모두의 시작점이라는 데 있다. 잠언의 저자는 1장에서 먼저 지식을 다루면서 논의를 시작하고, 9장에서는 지식보다 더 깊고 온전한 지혜의 개념을 언급하면서 그 시작점을 더욱 강화한다. 이는 우리가 처음부터 목표로 삼아야 할 바로 그 개념이다. 즉 (지식이 아닌) 지혜가 우리의 참된 지향점인 것이다. 지혜야말로 하나님이 창조 세계 속에 심어 두신 그분 자신의 속성이며, 이를 통해 세상 만물이 그분의 뜻대로 운행되기 때문이다. 그리고 하나님을 두려워하는 이들은 세상 속에서 이 같은 그분의 뜻을 받들고 전파해 나갈 책임이 있다.

지혜와 어리석음의 대조

잠언 본문은 지혜로운 여인과 어리석은 여인을 명확히 대조함으로써 독자들에게 큰 충격을 주고, '어리석음'의 길이 지닌 심각한 문제점을 헤아리게 해 준다. 어리석인 여인은 지혜로운 여인과는 달리 시끄럽고 무지하며 게으른 자로 묘사된다(9:13-18). 지혜로운 여인은 입술의 말을 절제하고 지식과 분별력이 풍부하며 부지런한 삶의 태도를 이어 가는 데 비해, 어리석은 여인은 시끄럽고 불쾌감을 주며 지혜 없는 말이 가득한 삶, 세상을 의미 있게 섬기는 일 없이 분주하기만 한 삶의 방식을 사람들에게 부추긴다.

지혜로운 여인	어리석은 여인
주님을 향한 두려움에서 시작함	거칠고 떠들썩한 태도로 시작함
부지런히 일함	게으름
자신의 것들을 베풂	훔치고 숨김
다른 이들을 섬김	자기만을 위함
어리석은 길을 떠나서 생명을 얻으라고 호소함: 복음 전도	파멸과 죽음으로 끝을 맺음
지혜를 가르침: 제자도	거짓을 가르침

주위에서 이런 사람들을 찾아보기는 어렵지 않다. 지금 위의 단락을 읽어 가면서 어쩌면 당신의 머릿속에 몇몇 사람이 떠올랐을지도 모른다. 그런데 이 일에 관해, 두 가지 공통점이 있다. 첫째, 우리는 대개 위에 언급된 것과 같은 어리석은 이들을 경멸한다.

하지만 둘째, 우리 자신이 바로 그런 사람인 경우가 너무도 많다.

잘 모르는 주제를 놓고 대화를 해야 할 때 우리는 때때로 어리석음의 길을 조장하는 이들이 되고 만다(그 주제가 정치나 신학, 기계나 재정, 부모의 역할이나 개인사 등 어떤 사안이든지 간에 말이다). 또 우리가 하나님을 사랑하며 다른 이들에게 유익을 주고자 부지런히 일하는 것을 소홀히 할 때, 우리는 어리석음의 길을 부추길 뿐 아니라 스스로 그 길에 관여하는 이들이 된다. 그리고 우리가 온유한 마음으로 남들에게 사려 깊게 권면하는 은사를 저버리고 그저 남들의 이목과 관심만을 끌려고 할 때, 우리는 그 '어리석은 여인'을 실제로 구현하게 되는 것이다.

사람들이 보기에, 이 어리석은 이들의 태도는 종종 순수하다고 여겨질 수 있다. 그리고 나 역시 그런 모든 사례가 직접적인 죄의 문제와 관련이 있다고 말하는 것은 아니다. 실제로 그러한 경우도 있지만, 또 다른 경우에는 무심코 지혜의 길보다 어리석음의 길을 선호한 나머지 그렇게 되기도 하기 때문이다. 지혜로운 여인과 마찬가지로, 어리석은 여인 역시 자신의 길을 따를 자들을 계속 모집하고 있다. 다만 지혜로운 여인은 하나님의 의를 **받들고 따르려 하는** 이들을 불러 모으는 반면에, 후자의 여인은 그분의 의를 **저버리고** 어리석음을 좇도록 사람들을 부추긴다는 것이 주된 차이점이다.

잠언 9장 15절에서는 어리석은 여인이 "자기 길을 곧게 가는 행인들"을 향해 외쳐 부른다고 말씀한다(NRSV). '바르게' (또는 의롭게) 행하는 이들에게 어리석은 여인 자신의 길로 돌아설 것을 부추기는 것이다. 이에 관해, 마이클 폭스는 이렇게 언급한다. "성경에서 '곧은길을 가다'를 뜻하는 관용구들은 늘 일종의 도덕적인 미덕을 함축하고 있다. 이는 어리석은 여인이 유혹하려는 대상들이 기존의 악인들이 아님을 보여 준다. 그런 악인들의 경우, 이미 추가적인 유혹이 필요하지 않을 정도의 상태에 처해 있기 때문이다. 오히려 그 여인은 정직하게 살아가는 평범한 사람들을 꾀려고 애를 쓴다. 그중에서 무지하고 속이기 쉬운 몇몇 영혼이 곁길로 빠지게끔 만들려는 것이다."[42]

주의 깊게 들어보라!

아마도 잠언 9장 본문의 가장 두려운 특징은 어리석은 여인이 입을 열어 말하기 시작하는 순간에 드러난다고 할 수 있다. 그 이유는 무엇일까? 언뜻 듣기에 그 여인의 목소리가 지혜로운 여인의 것과 동일하게 다가오기 때문이다.

---

42 Michael V. Fox, *Proverbs 1-9*, The Anchor Yale Bible Commentaries (New York: Doubleday, 2000), 301-302.

4절에서는 이렇게 언급한다. "'어리석은 자는 이리로 돌이키라!' 또 지혜 없는 자에게 이르기를."

16절에도 이렇게 기록되어 있다. "'어리석은 자는 이리로 돌이키라!' 또 지혜 없는 자에게 이르기를."

과연 이 중에서 어느 것이 지혜로운 여인의 목소리이고, 어느 것이 어리석은 여인의 목소리일까?

진실로 지혜를 열망하는 이들에게, 이는 실로 두려운 일이 아닐 수 없다. 그리고 일상생활에서도 이와 상응하는 문제들이 나타난다. 때로는 지혜의 길과 어리석음의 길을 분간해 내기가 그만큼 어렵다. 누구와 결혼해야 할까? 어떤 직업을 택할 것인가? 집을 사야 할까, 아니면 세 들어 사는 편이 좋을까? 누구에게 투표해야 옳을까? 우리는 이같이 삶의 무수한 결정을 날마다 가늠해야 하며, 이 중 어떤 것들은 삶에서 너무나 중요한 사안이기도 하다. 그리고 여기서 분명한 것은 결국 이 모든 일이 지혜 또는 어리석음을 좇는 자신의 성향에 근거해서 결정된다는 사실이다.

이 점은 잠언의 남은 부분(10장 이후의 본문-역주)이 가진 중요성을 우리 앞에 부각시켜 준다. 이어지는 10장부터는 본문의 장르가 달라진다. 주로 교훈적인 산문의 형태로 지혜의 본성을 일깨우던 내용들이, 어리석음의 길과 대비되는 지혜의 길이 세상에서 어떤 모습으로 드러나는지를 보여 주는 짧은 격언들로 바뀌는 것이다. 그런데 우리는 중요한 결정의 순간에 어느 목소리를 따라가야 할지를 어떻게 알 수 있을까? 그 답은 오래 귀 기울여 들어야 한다는 데 있다. 갈라디아서 5장에서 바울이 "오래 참음"(혹은 인내)을 성령의 열매 중 하나로 제시했듯이, 우리도 삶의 여러 결정을 내릴 때 '오래 듣는' 태도를 취해야만 한다.[43]

이 '오래 들음'은 신약의 야고보서 1장 19절 후반부에 담긴 다음의 가르침과도 연관이 있다. "사람마다 듣기는 속히 하고 말하기는 더디 하며 성내기도 더디 하라." 그리고 이 가르침은 잠언 2장 1-2절과 5절에 나오는 다음의 메시지와도 일치한다. "내 아들아, 네가 만일 나의 말을 받으며 나의 계명을 네게 간직하며 네 귀를 지혜에 기울이며 네 마음을 명철에 두[면] … 여호와 경외하기를 깨달으며 하나님을 알게 되리니."

물론 '듣기'만이 지혜의 유일한 요구 조건은 아니다. 우리가 지혜를 얻기 위해서는, 먼저 모든 시간과 장소에서 우리를 찾고 부르는 음성을 주의 깊게 듣고 분별해야 한다. 하지만 후에는 하나님의 길로 행하도록 인도하는 그 음성을 좇아 실제로 행하는 삶이

---

[43] 갈라디아서 5장 22절의 KJV 번역은 이러하다. "그러나 성령의 열매는 사랑과 기쁨, 평안과 오래 참음, 온유함과 선함, 믿음이니라"(But the fruit of the Spirit is love, joy, peace, longsuffering, gentleness, goodness, faith).

요구되는 것이다. 이는 그럼으로써 "주의 도를 땅 위에, 주의 구원을 모든 나라에게 알리[기]" 위함이다(시 67:2). 이런 지혜의 특성 역시 야고보서 1장에 담긴 다음의 가르침과 그 맥을 같이한다.

> 너희는 말씀을 행하는 자가 되고 듣기만 하여 자신을 속이는 자가 되지 말라 누구든지 말씀을 듣고 행하지 아니하면 그는 거울로 자기의 생긴 얼굴을 보는 사람과 같아서 제 자신을 보고 가서 그 모습이 어떠했는지를 곧 잊어버리거니와 자유롭게 하는 온전한 율법을 들여다보고 있는 자는 듣고 잊어버리는 자가 아니요 실천하는 자니 이 사람은 그 행하는 일에 복을 받으리라(약 1:22-25)

사망의 음식

잠언 9장의 마지막 부분에서는 어리석은 여인이 여는 잔치의 모습이 그려진다. 우리에게 생명을 주는 지혜의 잔치와 달리, 그 여인의 음식들은 즐거움과 만족을 약속하지만 실제로는 우리를 사망으로 이끌어 간다.

이 시적인 단락 전체에서는 의로운 이들을 바른길에서 벗어나도록 유혹하는 그 여인의 자극적인 목소리가 들린다. 그리고 7장 10-23절에서는 (아마도 지혜로운 여인을 화자로 삼아) 젊은 사람들을 꼬드겨서 자기 집으로 데려가는 창기의 이야기를 늘려주며, 이를 통해 우리는 어리석은 여인의 유혹적인 기술이 어떠했을지를 더욱 생생히 그려 볼 수 있다.

이러한 내용을 접할 때, 지혜를 갈망하는 이들은 일종의 '구역질'을 느끼게 될 것이다. 실제로 여기서 독자들은 자신의 영적인 '식욕'을 숙고해야 하기에, 이 비유는 상당히 적절하다. 과연 우리의 욕구는 지혜로운 여인과 어리석은 여인의 잔치 중 어느 쪽을 더 선호하는가? 처음에는 두 여인의 음성이 유사하게 들릴 수도 있다. 하지만 오래 귀를 기울일 때, 현명한 이들은 지혜로운 여인의 음식이 그녀의 너그럽고 풍성한 손길에서 준비되었음을 헤아릴 수 있다. 그 여인은 자신의 초대를 받아들이는 이들에게 음식을 후히 베풀며, 그 속에는 하나님의 영원한 생명이 담겨 있다.

이에 반해, 어리석은 여인의 음식들은 전부 어딘가에서 훔쳐 온 것들이다. 식탁에는 자신들이 '모든 것을 다 안다'고 떠들면서 '유혹의 물은 달고 떡은 값지다'고 내세우는 이들로 가득하며, 그곳의 후식으로는 사망의 열매가 준비되어 있다.

이제 다음의 질문들로 이 장의 논의를 마무리하겠다. 지금 당신은 둘 중 어떤 길로 걷고 있는가? 누구의 음성을 듣고 따르며, 누구의 상에 앉아서 음식을 먹는 중인가? 당신은 날마다 새롭게 살아나고 있는가, 아니면 자신도 모르는 사이에 서서히 죽어 가고 있는가? 이에 관해, 잠언 7장에서 지혜로운 여인은 결론적으로 이렇게 언급한다.

이제 아들들아 내 말을 듣고
　내 입의 말에 주의하라
네 마음이 음녀의 길로 치우치지 말며
　그 길에 미혹되지 말지어다
대저 그가 많은 사람을 상하여 엎드러지게 하였나니
　그에게 죽은 자가 허다하니라
그의 집은 스올의 길이라
　사망의 방으로 내려가느니라(7:24-27)

| 읽 어 볼 글 들 |

- 잠언 9장 1-18절
- 시편 1편 1-6절

| 생각해 볼 질문 |

01 지식과 지혜의 차이점은 무엇인가? 둘은 어떻게 서로 연관되면서도 구별되는 성격을 띨까?

_____

_____

02 혹시 어느 쪽이 지혜로운 길이고 어느 쪽이 어리석은 길인지를 확신할 수 없었던 때를 떠올려 볼 수 있겠는가? 그때 어떤 결정을 내렸으며, 그 과정에서 '오래 듣기'는 과연 어떤 식으로 활용되었는가?

_____

_____

03 당신의 삶은 지혜로운 여인과 어리석은 여인 중 어느 쪽에 더 부합하는가? 이유는 무엇일까? 당신이 매일의 삶 속에서 지혜로운 여인의 성품을 더 키워 가기 위해 오늘 즉시 실천할 수 있는 일을 한 가지 생각해 보라.

_____

_____

7장

지혜로운 여성과 남성

잠언 31장 10-31절

"우리는 세상의 여성과 남성들을 신체적인 아름다움으로만 평가해서는 안 된다. 그들의 가장 깊은 가치는 바로 참된 지혜를 구현할 수 있는 능력에 있기 때문이다."

– 크레이그 G. 바르톨로뮤(Craig G. Bartholomew), 라이언 P. 오도우드(Ryan P. O'Dowd), *Old Testament Wisdom Literature*(구약의 지혜 문헌)

잠언이 지혜로운 여인을 찬미하는 노래로 끝을 맺는 것은 그 책의 성격에 잘 들어맞는다. 이에 관해, 바르톨로뮤와 오도우드는 이렇게 언급한다. "잠언 1-9장의 핵심 대상은 여인들과 아내들, 지혜이며, 이는 젊은 남자들로 하여금 지혜를 찾고 사랑을 해야 한다는 절박감을 느끼게끔 한다."⁴⁴ 이 여인에 대한 송가는 이를테면 잠언의 완벽한 결말과도 같으니, 이를 통해 지혜에 대한 우리의 이해와 존경심이 깊어지며 우리의 일상적인 삶과 지혜를 더 깊이 관련지을 수 있기 때문이다.

앞서 잠언의 저자는 '지혜'와 '어리석음'이라는 추상적인 개념들을 각기 여인의 모습으로 의인화해서 제시한 바 있다. 그리고 이제 그는 지혜로운 여인의 사례를 묘사함으로써 지혜의 길을 더 구체적으로 드러내려 한다(나는 그녀의 이름을 '소피'[Sophie, '지혜'를 뜻하는 그리스어에서 유래한 서양식 이름이다-역주]로 생각하곤 한다).

이 장은 두 개의 주요 부분으로 구성되어 있으니, 지혜로운 여인과 지혜로운 인간 자체의 특성을 다루는 각 부분이다. 이 중 첫 번째 부분에서, 잠언 본문이 구체적으로 한 지혜로운 여인의 모습에 관해 가르치는 내용들을 살펴보려고 한다. 그녀가 슬기롭게 수행하는 여러 소명과 활동에 관심을 둘 것인데, 이 모든 일은 바로 주님을 향한 그녀의 경외심에서 유래하는 것들이다(31:30).⁴⁵ 이 부분에서는 특히 성경적인 지혜의 여성적인 측면을 숙고해 보려 하며, 이 여인은 모든 면에서 지혜로울 뿐 아니라 유대교와 기독교

---

44 Bartholomew and O'Dowd, *Old Testament Wisdom Literature*, 110.

45 Wolters, *The Song of the Valiant Woman*, 28.

전통 모두에서 일종의 현명한 '영웅'으로 부각되는 인물이다. 그리고 이어지는 두 번째 부분에서는 이 찬가가 성별과 인종, 민족과 사회적 지위, 지리적인 위치와 상관없이 모든 사람에게 가르치는 바를 헤아려 볼 것이다.

지혜로운 여인

잠언 31장 10-31절에 담긴 지혜로운 여인에 대한 찬가는 일종의 이합체 시이다. 시의 첫 행이 히브리어 알파벳의 첫 글자(*aleph*)로 시작한 뒤, 이어지는 각 행이 (알파벳의 마지막 글자에 이르기까지) 차례대로 순서에 맞는 글자로 시작하는 것이다. 이는 고대 히브리 시의 통상적인 기법 중 하나이며, 본문에서는 여인이 '처음부터 끝까지' 지혜로운 이임을 보여 주는 역할을 한다. 따라서 이 시는 지혜로운 여인이 지극히 영웅적인 인물임을 강조하려는 의도에서 기록된 것으로 보인다.[46] 나아가서, 히브리 성경의 순서에서는 잠언 다음에 룻기로 이어지는데, 이로 인해 우리는 이 잠언의 송가를 룻기의 놀라운 이야기에 대한 일종의 전주곡으로 간주할 수 있다. 룻 역시 자신만의 비범한 지혜를 갖춘 인물이기 때문이다.

앞서 잠언 9장에서는 '지혜로운 여인'이 생명을 주는 자신의 잔

---

46 Wolters, *The Song of the Valiant Woman*, 3-14.

치에 우리를 초대하면서 몇 가지 조언을 주는 모습을 살펴보았다. 이 조언들은 주님을 향한 경외심에서 시작되었다(9:10). 그 여인의 모습은 경쟁자인 '어리석은 여인'과 뚜렷하게 대조된다. 후자의 경우, 처음에는 음성이 지혜로운 여인과 흡사하게 들리지만 결국 그녀의 초대는 거짓이며 음식들은 마치 독약과도 같음이 드러난다.

이제 잠언 31장에서, 우리는 지혜로운 여인의 일상을 들여다보면서 그녀가 한 사람의 아내와 어머니, 그리고 기업가로서 어떻게 행하는지를 살피도록 일종의 시적인 초대를 받는다. 이 시는 우리 앞에 하나님 나라의 참모습에 대한 일종의 축소판을 제시하며, 여기서는 그분의 뜻에 부합하는 행동 방식들이 가정과 이웃, 직장과 그 너머로 이어지는 인간의 모든 문화 활동 가운데로 확장되는 모습을 볼 수 있다. 이 지혜의 길 자체는 실제로 온 세상 전체에 적용되지만, 지금 이 시에서는 특히 그녀의 삶 속에서 드러나는 매일의 평범한 활동들에 초점을 맞춘다. 이를 통해 성경의 지혜가 무한히 심오하면서도 지극히 실천적인 것임을 우리에게 일깨워 주는 것이다.

그 송가에서 드러나는 담대하고도 지혜로운 여인의 열 가지 특징을 간략히 살펴보자.

1. 지혜의 여성성

잠언에서 지혜가 특히 한 사람의 여인으로 제시되는 이유는 무엇일까? 그저 문법적인 측면에서, '지혜'를 지칭하는 히브리어 단어(*hokmah*)가 여성 명사이기 때문일까? 아니면 무언가 더 깊은 의미가 담겨 있을까? 이 질문에 완벽한 답을 제시하기는 어렵지만, 그럼에도 간략히 숙고해 볼 가치가 있다.[47] 먼저 잠언에서 '지혜'가 여성의 모습으로 등장하는 것은 우리에게 창조 세계에서 여성의 위치를 높이고 존중할 기회를 제공해 준다. 교회와 가정, 그리고 그 너머의 영역에서 여성과 남성의 역할과 서로의 관계에 대해서는 (감정적인 측면과 문화적인 측면 모두에서) 종종 치열하고 심각한 논의들이 제기되고 있지만, 지금 우리의 목적은 그저 하나님의 형상을 지닌 이들로서 여성의 가치에 대해 잠시 존경과 찬사를 돌리려는 데 있다. 이는 그들이 하나님께 속한 세상의 선함과 진리, 아름다움에 늘 고유한 방식으로 기여하고 있기 때문이다.

여기서는 하나님이 행하신 창조의 시작점에 (일종의 여성형인) "지혜"가 "생겨났음"[48]을 언급하는 잠언 8장 22절의 표현법이 떠

---

47 지혜의 여성적인 본질과 인격성에 관한 해석과 주해상의 문제들을 다룬 학문적인 개관으로는 Waltke, *The Book of Proverbs*, 83-88을 보라.
48 이 표현은 이 구절의 NIV 번역문에서 가져온 것이다. 이 본문을 둘러싼 해석과 신학적 논의의 역사를 더 자세히 살피려면 이 책의 5장을 보라.

오른다(NRSV). 여성들은 하나님의 형상으로 지음받은 인간들을 출산할 수 있게 특별하게 창조되었으며, 이는 온 세상에서 그분의 뜻이 계속 진전될 수 있게 하시기 위함이었다. 하지만 세상을 위한 여성들의 공헌은 이것으로 그치지 않는다. 잠언 31장에서 잘 드러나듯, 출산은 이 세계를 향한 여성들의 놀라운 기여 중 하나일 뿐이다.

지나친 일반화의 위험을 무릅쓰고 말하자면, 여성들은 종종 남성들과는 다른 방식으로 창조 세계(그 안에는 물론 다른 인간들도 포함된다)를 돌보며 양육한다. 하나님을 닮은 그들 자신만의 특별한 방식으로 말이다. 예를 들어 집안일의 경우, 여성들은 '집'이라는 건물 안에 거하는 것만으로 만족하지 않는다. 흔하고 평범한 장소를 하나의 아름다운 공간으로 변화시키며, 그곳에서는 따스한 가정생활과 식사, 환대가 이루어진다. 한 가정의 식탁을 가득 채우며 오래 간직되는 추억들을 만들어 내는 맛과 향기, 웃음은 대부분 한 여인의 지혜로운 손길이 남긴 결과물일 때가 많다. 그렇기에 많은 사람이 자신의 아버지를 회상할 때는 감사와 존경을 표현하는 데 그치지만, 어머니를 떠올릴 때면 울컥하여 눈물을 보이곤 한다.

이런 논의는 여성의 역할을 출산이나 가사 노동으로만 축소하고자 함이 아니다. 전혀 그렇지 않다! 잠언 31장의 시에서 드러나듯, 여성들은 비즈니스와 행정, 리더십과 금융 등 다양한 분야에서 무한한 능력을 발휘할 수 있다. 하지만 남녀평등을 추구하는 현대 문화의 분위기에 부응한다는 명목으로(이는 적어도 서구권의 경우에 그러하다), 여성들의 이 고유하고 독특한 가치를 무시해서는 안 된다.

그리고 다른 한편으로, 우리는 인류 역사에서 오랫동안 여성들이 남성들의 과도한 통제와 억압 아래 집 안에 갇혀 있으면서 출산과 가사 노동만을 계속 감당해야 했던 일을 기억해야 한다(어떤 문화권에서는 심지어 지금도 그러하다). 이는 잠언 31장에서 우리가 보게 되는 아내이자 어머니인 여인의 모습과는 거리가 멀다. 오히려 본문의 여인은 자신의 **가정**에서 시작해서 **사회** 전반으로 나아가며, 그곳에서 공공의 유익에 기여한다. 그리하여 그녀의 집안과 더 넓은 의미의 문화적인 '오이코노미아'(*oikonomia*, '집안'을 뜻하는 그리스어로, '경제'를 뜻하는 영어 'economy'의 어원이다) 모두 그 여인의 은덕을 입는다. 이처럼 그 여인의 역할은 단지 자신의 가정에만 국한되지 않는다. 남편과 자녀들의 사랑과 지지를 힘입어 자유로이 활동하며, 그 가족은 그녀를 '복된 여인'으로 부르면서 늘 찬미한다(31:28).

2. 주님을 경외한다(31:30)

지혜의 습득과 바른 적용을 위해서는 합당한 위치에서 시작하는 일이 꼭 필요하며, 우리에게 그 위치는 바로 주님을 향한 경외심에 있다. 우리는 앞에서 이 주제를 상당히 주의 깊게 다루었기에 여기서는 말을 줄이려고 한다. 그럼에도 한 번 더 언급해 둘 점은 곧 그 경외심이 지혜로운 삶의 근본을 이룬다는 것이다.

지혜로운 여인의 탁월함은 그녀가 이 올바른 위치에서 삶의 시작점을 찾는 데 있다. 이를 통해, 그녀는 하나님 사랑과 이웃 사랑의 합당한 목표(헬: telos)를 추구하게 된다. 그리고 이처럼 온전한 시작점과 목표를 얻었기에, 그 사이의 모든 여정에서도 합당한 방식으로 활동하게 되는 것이다. 달리 말해, 그녀는 모든 시간과 장소에서 슬기롭게 행한다.

3. 온 창조 세계(물질적인 영역과 비물질적인 영역 모두)를 귀히 여기며 번성하는 삶을 산다

서구 교회의 경우, 물질세계의 일들보다 영적인 일들을 우선시하는 일종의 이원론적인 경향이 존재한다. 이런 모습들은 기도를 강조하면서도 육체노동이나 건강을 위한 운동의 필요성은 크게 고려하지 않는 기독교 경건의 관행 속에서 잘 드러난다. 그리고 우리는 교회에서 가난한 이들의 육체적인 필요를 돌보는 일과 무관하게 (복음을 말로만 선포하는) 전도만을 강조하는 것도 경험한다.

여기서 명확히 말하자면, 이것은 양자택일의 문제가 아니다. 예수님의 복음을 말로 전하는 일은 우리 그리스도인들의 필수적인 의무이며, '헐벗은 자를 입히고 주린 자를 먹이며 고아와 과부들을 돌보라'는 명령 역시 그러하다.

그러므로 우리 삶의 영적인 영역을 물질적인 영역보다 우선시하는 일은 (성경과 일치하지 않는 방식으로) 하나님 나라를 나누어 놓는 것이 된다. 이는 물론 세상 속에 그 영혼과 육신의 이중성이 존재하지 않는다는 뜻이 아니다. 하지만 (어떤 식으로든) 그 둘 중 하나를 다른 하나 아래에 인위적으로 복속시키는 일은 창조 세계 전체의 성격을 왜곡할 뿐 아니라, 그분이 세상의 구속을 위해 행하고 계시는 은혜의 사역도 그렇게 하는 것이 된다.

다시 본론으로 돌아와서 말하자면, 잠언의 지혜로운 여인은 창조 세계 전체를 귀히 여긴다. 그녀는 자신의 가족을 위해 음식을 공급하고(31:14), 최상의 양털과 삼을 구해서 부지런히 손으로 일한다(13절). 또 포도원을 일굴 뿐 아니라(16절), "곤고한 자에게 손을 펴며 궁핍한 자를 위하여 손을 내[민다]"(20절). 그리고 베로 옷을 지어 시장에 가서 팔기도 한다(24절). 이런 그녀의 모습은 결코 물질세계의 가치를 거의 인정하지 않는 삶의 방식에서 유래하지 않는다. 오히려 온전한 삶과 물질적인 번영이 가진 가치를 바르게 파악하는 동시에, 자신의 재능과 은사가 특히 남들의 유익을 위해 사용될 때 값진 것이 됨을 헤아리는 지혜로운 삶의 모습을 보여 준다.

4. 신뢰할 만한 삶을 살아간다(31:11)

잠언 31장에 담긴 시의 첫 부분과 끝부분에서는 지혜로운 여인의 올곧은 성품을 찬미의 대상으로 삼는다. 먼저 11절을 보자. "그런 자의 남편의 마음은 그를 믿나니." 그리고 29절에서는 이렇게 칭송한다. "덕행 있는 여자가 많으나 그대는 모든 여자보다 뛰어나다."

11절과 29절 사이에 제시되는 모든 일에는 순전한 정의와 공평의 미덕들이 담겨 있다. 그 여인은 자녀 양육과 농사, 가르침과 사업, 그리고 여러 일상적인 가정의 활동들을 통해 자신의 흠 없는 도덕적 성품을 드러낸다. 그렇기에 28절에서는 그녀가 남편과 자녀들 모두에게 칭찬을 받아 마땅함을 선포한다.

이 지혜로운 여인은 모든 수준에서 신뢰할 만한 사람이다. 어떤 과업이 주어질 때, 그 여인은 그 일을 반드시 끝까지 해낸다. 그리고 혼자 있을 때도, 무언가를 몰래 훔치거나 부도덕과 게으름에 빠지는 법이 없다. 모든 시간과 장소에서 공적으로나 사적으로 주님께 영광을 돌린다. 이러한 그녀의 삶에 그분은 풍성한 복을 베푸신다.

5. 지혜롭게 말한다(31:26)

여기서 우리는 무수한 말들을 늘어놓지만 그 속에 귀담아 들을 내용은 전혀 없는 이들의 경우를 떠올려 볼 수 있다. 그러한 말잔치는 듣는 이들의 속을 메스껍게 하며, 세상과 각 사람의 유익에 아무것도 기여하지 않는다(특히 화자가 어른일 경우에 더욱 그러하다). 실제로 그런 사람들의 행동은 더 유익한 활동이나 차분한 묵상에 할애할 수 있는 우리의 귀한 시간을 빼앗아 가고 만다.

하지만 지혜로운 여인에 관해서는 그런 염려를 할 필요가 전혀 없다. 그 여인은 여러 책임을 분주하게 감당하는 와중에도 입을 열어 다른 이들을 가르치는데, 이때에는 늘 참된 지혜가 담긴 내용을 전한다.

이것은 무엇을 의미할까? 앞서 잠언 9장을 다루면서 보았듯이, 지혜로운 여인은 우리가 어떻게 살아가야 옳은지에 관해 깊은 분별력과 통찰이 담긴 조언을 제시한다. 이런 그녀의 이해는 결코 순진하거나 단순하지 않다. 오히려 삶의 복잡성을 누구보다도 잘 파악하고 있다. 그녀는 죄가 창조 세계에 미치는 영향을 온전히 헤아리며, 우리에게 넓고 유혹적인 '어리석음'의 길을 떠나 주님의 길로 걸을 것을 계속 촉구한다.

그러므로 잠언 전체의 내용은 사실상 그 여인이 전하는 지혜의 메시지와 같다. 그 메시지는 사랑이 많고 선하신 창조주의 뜻을 좇아 살아가도록 삶의 모든 측면에서 우리를 인도하며, 그렇기에 우리는 그녀의 가르침을 늘 듣고 순복해야 한다.

6. 기꺼이 자신의 손으로 일한다(31:13)

지혜로운 여인이 자신의 손으로 부지런히 일한다는 것은 사실 놀라운 일이 아니다. 우리는 앞서 잠언 9장을 살필 때 이 점을 다루어 보았으며, 지금 이 본문의 송가는 그녀의 그 존경할 만한 모습을 더욱 뚜렷이 드러내 준다. 이 여인은 결코 게으름을 알지 못한다.

나아가서, 여인에게는 일종의 기업가 정신이 있다. "자기의 장사가 잘 되는 줄을 깨닫고"(31:18). 이 기업가 정신은 위에서 살핀 근면한 노동과 어느 정도 연관되면서도, 다른 한편으로는 상당히 구별되는 성격을 띤다. 기업가들은 특정한 상황 속에서 남들이 미처 보지 못하는 기회들을 파악한다. 예술가들과 마찬가지로, 그들은 어떤 일들의 가능성과 당위성을 헤아리는 동시에 그것들을 실제로 이루어 낼 역량을 간직하고 있다. 이는 곧 우리의 존재 속에서 역사하는 하나님 형상 됨의 일부로서, 이를 통해 우리는 온 땅을 돌보고 경작하라는 그분의 문화 명령을 받들어 창조 세계 곳곳을 들여다보며 잠재력을 이끌어 내게 된다(창 2:15).

기업가들은 자신과 다른 이들의 삶을 위해 많은 기회를 만들어

내고 또 그것들을 잘 활용한다. 물론 어떤 이들은 지혜 대신에 어리석음의 길을 조장하는 방식으로 이 기회들을 오용할 수 있다. 하지만 지혜로운 여인은 결코 그렇게 하지 않는다.

7. 책임 있게 자신의 가족을 섬긴다(31:13-22)

앞에서 언급했듯이, 여성의 역할이 가사 노동과 자녀 양육에만 국한되지 않음을 확언하는 것은 중요하다. 하지만 이와 동시에, 우리는 자기 가족을 돌볼 책임을 탁월하게 감당하는 여성들의 모습 속에 담긴 위대한 미덕 역시 간과해서는 안 된다.

위에서 보았듯이, 지혜로운 여인은 기업가이자 비즈니스 우먼으로 활동하면서도 자신의 가족을 결코 소홀히 하지 않는다. 그녀의 성품이 지니는 두 가지 중요한 특징은 곧 리더십과 봉사이다. 이와 더불어, 오늘날의 독자들은 13-22절에 열거되는 집안일의 의무들을 그저 여성 전반이나 특히 전업 주부들만을 위한 요구 사항들로 여기지 않도록 주의해야 한다. 가사 노동은 가정의 질서 유지를 위해 그 자체로 중요하고 칭찬할 만한 일인 동시에, 가정의 여러 구성원이 그 의무를 알맞게 분담하는 것이 가장 바람직한 길이다. 잠언 31장의 지혜로운 여인은 가정의 그 일들이 잘 처리될 수 있게 여러 식구를 적절히 인도하며, 이는 그녀의 탁월한 관리 능력을 드러내 준다.

또 우리는 그 여인이 품은 깊은 섬김의 자세도 헤아려야 한다. 당신은 혹시 31장의 본문에서 이 아내이자 어머니인 여인이 불평하는 모습을 보았는가? 과연 그녀는 자신이 '비천한 육체노동으로 손을 더럽히게 된다'면서 불만을 토로하는가? 그러한 모습은 본문 어디에도 나오지 않는다. 여인은 다른 이들을 향한 섬김을 즐거운 마음으로 기꺼이 감당하며, 이를 통해 잠언에서 높이 칭송되는 겸손의 미덕을 모범적으로 제시하고 있다.

■ 겸손에 관한 잠언의 가르침들

교만이 오면 욕도 오거니와
  겸손한 자에게는 지혜가 있느니라(11:2)

여호와를 경외하는 것은 지혜의 훈계라
  겸손은 존귀의 길잡이니라(15:33)

겸손과 여호와를 경외함의 보상은
  재물과 영광과 생명이니라(22:4)

이 지혜로운 아내이자 어머니인 여인은 자신의 가족과 이웃, 세상을 섬기는 일을 기뻐한다. 내가 출석하는 교회의 목사님이 자주 일깨우시듯, "그녀는 예수님이 그러셨듯이 스스로 낮은 자리에 처하는 이다."

8. 가난한 이들을 돌본다(31:20)

하나님이 주신 이웃 사랑의 의무에 근거해서, 지혜로운 여인은 주위 사람들의 필요뿐 아니라 자신이 속한 경제적, 사회적 영역의 바깥에 처한 이들의 어려움까지 헤아리고 돌본다. 그녀의 관점에서, 가난한 이들은 멸시의 대상이 아니라 사랑과 섬김의 대상이기 때문이다. 이는 그녀가 품은 깊은 동정심과 배려의 표현일까? 분명히 그러하다. 하지만 여기에는 더 심오한 수준의 헌신도 스며들어 있다.

가난한 이들을 돌보는 일은 곧 자기 자신을 내려놓는 것을 의미한다. 물론 어떤 이들은 섬김에 대한 공동체의 기대에 부응하려는 목적으로 무료 급식소나 주위의 노숙자 쉼터에서 봉사할 수도 있다. 하지만 이 여인은 그렇지 않다. 자신의 이웃, 그중에서도 가장 낮은 자들을 보살피는 일을 주님을 경외하는 이들의 기본 책임으로 여긴다. 그러므로 남들의 관심이나 칭찬을 얻기 위해서가 아니라, 순전한 사랑에서 그런 일들을 행한다. 이런 여인의 모습은 "자기보다 남을 낫게 여기고 … 자기 일을 돌볼뿐더러 또한 … 다른 사람들의 일을 돌보[라]"는 바울의 가르침에 담긴 정신에도 부합한다(빌 2:3-4). 우리는 특히 우리의 섬김에 대해 미처 감사의 말을 전하지 못하거나 선뜻 그리하려 들지 않는 이들을 위해 한층 더 노력해야 한다.

9. 투자해서 이익을 거둔다(31:16, 24)

13절에서는 지혜로운 여인의 창의성과 기업가적인 자질을 살펴보았다. 이제 16절과 24절에서는 투자 역량을 다루어 보려고 한다.

적어도 다음의 두 가지 특징이 눈에 띈다. 첫째, 지혜로운 여인은 하나님을 사랑하는 동시에 돈을 멸시하지 않는다. 여기서 아마 많은 이가 이 말을 일종의 모순으로 여길지도 모르겠다. "하나님을 사랑한다면 마땅히 세상의 돈과 물질을 경멸해야 하는 것 아닌가요?"

돈은 인간의 모습 속에 있는 최상의 것들과 최악의 것들을 모두 이끌어 내는 기묘한 문명의 현상이다. 그리스도인들은 "돈을 사랑함이 일만 악의 뿌리"라는 바울의 경고를 종종 되새기곤 한다(딤전 6:10). 우리의 사랑의 근거를 돈과 물질, 곧 세상 자체와 그곳이 우리에게 줄 수 있는 것들에 두는 일은 우상 숭배이며 하나의 큰 악이다. 우리가 품는 사랑(그리고 두려움)의 올바른 토대는 세상의 왕이신 창조주 하나님께 있어야만 한다. 이것은 하나님과 우리 사이의 수직적인 관계가 언제나 가장 중요하며, 그 관계는 우리 인간이 추구해야 할 최상의 목표와 지향점이 되기 때문이다. 그런데 다만 이것만이 우리 삶의 유일한 지향점인 것은 아니다.

둘째, 지혜로운 여인은 사업에서 이익을 얻는 일을 결코 두려워하지 않으며, 실제로 그 이익을 기대한다. 경제는 모든 인간 공동체와 문명의 기본 조건 중 하나이다. 각 도시와 마을, 또는 한 소규모의 공동체가 계속 생존을 이어 가기 위해서는 재화와 서비스의 교환이 꼭 필요하기 때문이다. 어디서든 한 무리의 사람들이 서로의 번영을 위해 협력하게 될 때, 일종의 지역 경제가 생겨나기 마련이다.

여기서 거시 경제나 미시 경제의 여러 측면을 자세히 다루기는 어렵지만, 그렇다고 해서 그런 경제의 흐름들을 아예 무시해도 되는 것은 아니다. 각 사람이 최선의 경제 시스템에 관해 어떤 생각을 품고 있든지 간에, 그리스도인들은 모든 시간과 장소에서 하나님 사랑과 이웃 사랑에 가장 부합하는 방식의 재화와 서비스 교환을 옹호해야 한다. 그 이유는 무엇일까? 예수님이 성경의 큰 계명에서 요약하신 바와 같이, 참된 지혜는 언제나 그 두 사랑을 통해 표현되는 하나님의 법에 부응하는 것이 되어야 마땅하기 때문이다(막 12:29-31).

본문의 이 지점에서, 우리는 지혜로운 여인이 지역의 경제 활동에 적극 참여하는 모습을 볼 수 있다. 만약 16절과 24절이 어리석은 여인에 관한 언급이었다면, 우리는 깊은 두려움을 느꼈을지도 모른다. 그 활동이 탐욕적이며 이웃을 착취하는 성격을 띠리라는 점을 예상할 수 있기 때문이다. 그러나 그 이익을 얻는 것이 지혜로운 여인임을 알 때, 우리는 마음에 새 힘을 얻게 된다. 가족과 이웃들이 그녀의 관대하고 애정 어린 손길로부터 풍성한 유익을 누리게 될 것을 믿기 때문이다.

이것은 시대를 초월해서 모든 문명에 적용되는 진리이다. 어떤 이들에게, 이 진리는 수익을 창출하며 자원들을 지혜롭게 관리하는 일에 참여하도록 더 큰 동기를 부여해 준다. 그리고 어떤 이들에게는, 본문의 가르침이 어떻게 하면 그 수익을 통해 다른 이들(가족과 이웃, 혹은 더 넓은 의미의 공동체)에게도 유익을 끼칠 수 있을지를 숙고해 보라는 일종의 부름이 된다. 지금 당신의 좌우명은 '나를 위해 더 많은 것을 쟁취하기'와 '모든 이의 번영을 추구하기' 중 어느 쪽인가? 이는 가난한 이들을 위한 정부의 재정 지원을 강화해야 한다는 식의 주장에 그치지 않는다. 오히려 우리가 어떻게 하나님 사랑과 이웃 사랑의 원리들에 근거해서 우리의 자원을 활용하고 여러 경제 활동을 수행해 나가야 옳을지를 깊이 헤아려 보라는 권면이다.

10. 근심하지 않는다(31:21, 25)

근심하지 않는다는 것은 잠언 31장에 나오는 여인이 보여 주는 놀라우면서도 종종 간과되는 특징이다. 우리가 주님을 바르게 두려워할 때, 다른 어떤 것도 더 이상 겁내지 않게 된다. 시편 112편

7절에 따르면, 주님을 굳게 의지하는 의인들은 "흉한 소문[또는 나쁜 소식]을 두려워하지" 않는다.

과연 이 여인은 어떤 나쁜 일도 일어나지 않을 것이라고 믿기 때문에 두려워하지 않는 것일까? 물론 그렇지 않다. 그보다, 그 여인에게는 삶의 온갖 어려움과 고난, 아픔과 역경 속에서도 하나님은 늘 신뢰할 만한 분이시며 모든 일을 주관하고 계심을 헤아릴 줄 아는 지혜가 있기 때문이다. 그러므로 "그의 마음이 견고하여 두려워하지 아니[하게]" 되는 것이다(시 112:8상).

지혜로운 인간

잠언 31장은 어머니날이나 경건한 여성의 공로를 기리는 정황에서 널리 사용되며, 이는 지극히 합당한 일이다. 그리고 오늘날의 유대교 전통에서도, 매주 안식일의 식탁에서 지혜로운 여인의 송가를 함께 부르곤 한다. 그런데 혹시 본문을 남성들을 향한 권고로도 적절히 활용할 수 있을까?

이 위대한 시는 지혜로운 여인의 아름다움을 우리에게 일깨워 주지만, 적용 대상이 반드시 여성들에게만 국한되지는 않는다. 그 메시지는 온 인류를 위한 것이니, 남성과 여성 모두가 하나님의 형상으로 지음받았기 때문이다.

참된 지혜는 세상의 남성과 여성 중 어느 한쪽으로 쉽게 치우치지 않는다. 이런 측면에서 잠언의 메시지는 균형이 잘 잡혀 있다. 본문에서 다음의 교훈이 계속 언급되기 때문이다. "네 아버지의 교훈에 귀 기울이며, 네 어머니의 가르침을 거부하지 말라." 나아가서 그 책의 주요 인물들은 두 여인(지혜로운 여인과 어리석은 여인)이며, 지혜로운 여인의 말을 듣고 배우는 이는 누군가의 아들(히: ben)로 간주된다.

지혜의 부름은 그 음성을 듣는 모든 이에게 주어지며, 그 길은 모든 사람 앞에 놓여 있다. 그렇기에 온 세상의 남성과 여성 모두 그 길로 나아가야 하는 것이다. 우리는 주님을 향한 두려움을 통해 이 길을 걷기 시작하며, 성령님의 도우심을 힘입어서 계속 전진하게 된다.

레이먼드 밴 르우원은 잠언 31장이 역시 이합체의 성격을 띠는 시편 112편과 매우 유사해 보인다고 언급한다.[49] 이 시편은 주님을 경외하는 한 남자의 모습을 묘사하는데, 이는 잠언 31장에 대한 일종의 남성적인 보완책으로 여겨질 수 있다.

지혜의 부름이 가진 이 포괄적인 성격이나 잠언 31장과 시편 112편에서 묘사하는 지혜로운 삶의 모습을 숙고하면서, 우리는 적어도 다음의 두 주제를 짧게나마 살펴볼 필요가 있다. 그 주제

---

49 Van Leeuwen, *Proverbs*, 5:260.

들은 모든 시간과 모든 장소에 속한 모든 사람과 관련이 있다.

1. '지혜로운 여인'을 본받을수록 더 인간다워진다

여기서 우리는 "하나님의 영광은 살아 있는 [인간 존재]에게 있다"는 이레네우스의 중요한 통찰을 되새겨 볼 수 있다.[50] 앞에서 보았듯이, 참된 지혜는 우리에게 생명을 주며 날마다 그 생명을 더욱 촉진하는 성격을 띤다. 이런 측면에서, 지혜는 성경에 언급되는 다른 생명의 원천들과 대등한 위치에 놓인다. 성부와 성자, 성령 하나님의 사역(특히 요 5-6장을 보라)이나 성경 그 자체가 바로 그런 원천들이다.

우리 인간은 하나님의 형상으로 지음받은 자들로서 창조 세계의 면류관과 같다. 우리는 그분의 길을 드러낼 수 있도록 놀라운 역량과 잠재력을 부여받았다. 그리고 하나님의 본래 의도대로 지혜롭게 행할 때, 우리는 비로소 그분의 길을 좇아 살아가며 스스로의 행실을 통해 그분의 뜻을 드러내게 된다. 달리 말해, 우리는 지혜롭게 살아갈수록 더욱 인간다운 존재가 되는 것이다. 참된 지혜는 우리를 진실로 온전케 하는 성격을 띠기 때문이다. 데릭 키드너는 잠언 8장 22-31절에 관한 논의에서 이 요점을 드러내면서

---

50 Irenaeus, *Against the Heresies* 4.20.7, 490.

이렇게 언급한다. "[지혜로부터] 등을 돌리는 일은 자신의 파멸을 선택하는 것과 다름이 없다. 이에 반해, 어떤 대가를 치르고서라도 그것을 얻으려고 노력하는 일은 곧 온전한 생명으로 나아가는 것이 된다."[51]

이러한 지혜의 활동은 농업과 제약, 쓰레기 수거나 로봇과 스마트 자동차의 발명, 고층 빌딩의 건축이나 항공기 설계 혹은 기업의 회계 업무에 이르기까지 다양한 삶의 영역에 걸쳐 구현될 수 있다. 이는 곧 인간이 부여받은 창의적인 능력의 일부분인 것이다. 우리는 그저 지금 **존재하는** 일들의 의미를 파악하는 데 그치지 않고, **마땅히 있어야 할** 일들이 무엇인지를 상상할 수 있게끔 지음받았다. 그리하여 우리는 하나님이 세상에 심어 두신 가능성들을 드러냄으로써 온 인류와 피조물 전체의 삶을 더욱 향상해 나갈 수 있다. 이는 하나님이 처음에 주셨던 창세기 2장 15절의 위대한 명령, 그분의 동산을 가꾸고 돌보라는 그 명령을 계속 이어 가는 일이 된다.

그리고 지혜가 우리를 온전하게 만드는 다른 방법 중에는 다음의 것들도 포함된다.

1. 지혜는 우리에게 창조 세계의 본래적인 가치를 일깨워 준다.

---

51 Kidner, *The Wisdom of Proverbs*, 24.

세상이 여전히 선한 이유는 그곳이 하나님께 속했기 때문이다.
2. 지혜로운 삶은 세상의 비물질적인(혹은 영적인) 부분만을 선하게 여기며 물질적인(혹은 육신적인) 부분을 나쁘거나 덜 선하게 보는 것이 아니다. 이 점에서 잠언 31장은 특히 많은 통찰을 준다. 그 여인은 주로 이 물질세계에서 행한 일들에 관해 칭찬과 높임을 받기 때문이다. 그렇다면 이러한 관점은 우리 삶의 영적인 영역을 낮추어 보는 것이 될까? 물론 그렇지 않다. 우리가 수평적인 차원에서 창조 세계의 일에 지혜롭게 관여하기 위해서는, 수직적인 차원에서 먼저 우리 영혼이 하나님과의 올바른 관계 속에 있어야만 하기 때문이다. 우리의 이 관점은 '하나님 사랑과 이웃 사랑'의 패턴과 질서에 부합한다.
3. 지혜롭게 사는 이들은 온 창조 세계를 향한 인간의 책임을 기꺼이 받아들인다. 모든 시간과 공간은 하나님께 속했으며, 그분의 형상으로 지음받은 인간들은 세상을 돌보고 다스리도록 창조되었다. 이에 관해, 시편 115편 16절을 보자. "하늘은 여호와의 하늘이라도 땅은 사람에게 주셨도다." 지혜로운 삶은 하나님의 의와 공의, 그분의 선하심과 사랑을 널리 드러낼 책임을 즐거이 감당하는 데 있다.
4. 지혜로운 삶은 전인적인 성격을 띤다. 인간은 영적인 동시에 물질적인 피조물이다. 그렇기에 지혜롭게 사는 이들은 이 점을 염두에 두면서 삶의 전 영역을 적절히 돌보고 가꾸는 것이다. 예를 들어, 학자들의 경우에는 추상적인 관념들의 세계에서 이따금 벗어나서 건전한 신체 활동에 참여하는 편이 좋다. 벽돌

공들이라면 지적인 쇠퇴를 피할 수 있게 규칙적인 독서나 유익한 대화의 시간을 마련하는 것도 유익하다. 또 여러분이 상담자라면, 오랜 시간에 걸쳐 내담자의 복잡한 삶의 정황을 듣고 공감해 준 뒤에는, 서로 힘과 격려가 되는 지인들과의 만남을 예비해 둘 필요가 있다. 하나님은 우리의 온 마음과 뜻과 생각과 힘을 다해 그분을 사랑하도록 우리를 늘 부르신다. 그리고 지혜는 우리로 하여금 우리의 전 존재를 다해 그분을 깊이 사랑하고 따르는 방향으로 모든 일상의 활동과 직무를 재조정하게끔 인도해 준다.

5. 지혜로운 삶은 늘 하나님 사랑과 이웃 사랑에 상응하는 성격을 띤다. 이 삶의 원리는 주일 예배 때 교회당 안에만 머무를 수가 없다. 이 두 가지 사랑의 형상(십자가의 구도)이 세상의 실재 속에 깊이 심겨 있기에, 우리는 모든 영역의 의사 결정에서 마땅히 그 원리를 받들고 따라야 한다. 곧 국제 외교와 건축, 금융 서비스와 의료, 교육 등 삶의 모든 영역에서 이 두 사랑의 명령이 일종의 확고한 당위성을 갖는다.

6. 지혜로운 삶은 선교적인 성격을 띤다. 하나님의 길을 드러내는 일 중에는 하나님과 그분의 아들이신 예수님의 사역에 대한 그리스도인들의 소망을 불신자들에게 전하는 것이 포함된다. 그리고 그 가운데는 하나님과 이웃을 사랑하는 마음으로 의롭고 선한 일을 행하며 모든 사람에게 후히 베풀고 섬기는 일도 포함된다. 마태복음 5장의 비유에 의거해서 표현하자면, 소금과 빛의 삶이다.

2. 지혜로운 여인을 본받을수록 그리스도를 닮아 가게 된다

예수님은 그동안 세상에 존재했던 가장 참된 인간이시며, 지금도 그런 분으로 계신다. 우리는 이 점을 어떻게 알 수 있는가? 주님은 둘째 아담으로서 동정녀의 몸에서 나셨으며, 유혹을 받았지만 죄에 물들지는 않으셨다. 그리고 일생 동안 성부 하나님께 순종하면서 사셨다. 그러므로 그리스도인들이 회복해야 하는 것은 첫 아담의 형상이 아니라 둘째 아담이신 그분의 형상이다. 그리스도는 하나님의 능력과 지혜이시며(고전 1:24), 그분 안에는 모든 신적인 지혜와 지식이 충만히 거한다(골 2:3). 그리고 그분은 보이지 않으시는 하나님의 형상 그 자체이시다(골 1:15). 그렇기에 우리는 길이요 진리요 생명이신 그분을 본받아서 삶의 길을 걸어가며, 늘 이처럼 기도할 수 있다. "나라가 임하시오며 뜻이 하늘에서 이루어진 것같이 땅에서도 이루어지이다"(마 6:10).

| 읽 어 볼 글 들 |

- 잠언 31장 10-31절
- 시편 112편 1-10절
- 시편 128편 1-6절

| 생 각 해 볼 질 문 |

01 당신이 보기에, 잠언 31장 10-31절의 지혜로운 여인의 성품에서 가장 눈에 띄는 것은 무엇인가? 그 이유는 무엇인가?

02 이 장의 여러 부분에서, 이원론이 어떤 식으로 기독교 세계관과 삶 속에 침투해 오는지를 살폈다. 당신은 삶의 어떤 영역에서 그러한 문제점을 감지하게 되는가?

03 앞에서 논의했듯이, 잠언 31장 10-31절의 송가는 남성과 여성 모두에게 적용할 수 있다. 당신의 삶에서 지혜로운 여인의 모범에 가장 깊이 부합하는 부분은 어디이며, 가장 적게 들어맞는 부분은 어디인가? 하나님이 은혜를 베푸셔서, 당신이 삶을 바르게 돌아보고 그분의 뜻을 더 잘 드러낼 수 있게 해 주시기를 기도하라.

8장

세상에서의 지혜의 길

"지금 여러분이 재정 문제를 겪고 있다면, 해답은 돈 자체에 있지 않다. 오히려 답은 주님께 있다. … 우리는 사업의 영역에서도 하나님과 늘 먼저 상의해야 한다. 그분은 우주에서 가장 좋은 동업자이시기 때문이다."

— 레이먼드 C. 오틀런드 Jr., *Proverbs: Wisdom that Works*(잠언: 역사하는 지혜)

우정, 재정과 가족

이 책에서는 잠언의 첫 아홉 장에 담긴 주제들을 살펴보는 데 주로 초점을 두었고, 그다음에는 한 장에 걸쳐 31장의 내용을 다루어 보았다. 이 접근 방식은 성경 전체의 빛에서, 그리고 잠언 저자의 원래 의도에 부합하는 방식으로 잠언의 각 본문을 읽고 그 메시지를 경험하게끔 인도해 준다. 나아가서, 그 방식은 잠언 전체를 이해하고 파악하는 데 꼭 필요한 도구들을 제공하며, 잠언이 어떻게 주님의 뜻에 귀를 기울이며 그분의 길로 행하도록 모든 사람을 초청하는지도 헤아릴 수 있도록 돕는다.

또한 이 책에서는, 더 쉽게 기억되는 본문들인 잠언 10-30장의 내용에 관해서는 거의 다루지 않았다. 10-30장은 일상생활과 관련이 있는 다양한 주제(우정과 재정, 혼인과 리더십, 분노와 술, 기도 등이 포함된다)를 살피며, 모든 시간과 장소, 문화에 적용되는 간결하고 함축적인 여러 지혜의 단편들을 소개한다.[52] 이제 이 장에서는 잠언의 이 부분에서 언급되는 우정과 재정, 가족의 주제들을 살피어, 참된 지혜의 길이 어디인지를 간략히 개관해 보고자 한다. 이 논의는 10-30장의 내용을 철저히 분석하는 것은 아니며, 그저 앞에서 논한 지혜의 핵심 요소들에 비추어 살필 때 10-30장에 나오는 여러 주제가 잠언 전체의 메시지와 어떻게 자연스러운 조화를 이루는지를 보여 주는 일종의 예시이자 설명일 뿐이다.

---

52 이런 잠언의 주제들을 그 연관 구절이나 하부 주제들과 함께 제시하는 유익한 목록을 살피려면, Longman, *Proverbs*, 549-78을 보라.

■ 이 책의 여섯 가지 요점

잠언의 내용은 실로 사려 깊고 섬세하며, 따라서 우리의 일상생활에 무궁무진하게 적용할 수 있다. 그렇다면 이 책에서 우리가 이제껏 논한 내용들은 잠언의 다른 부분이나 오늘날 우리 그리스도인들의 삶에 어떻게 접목할 수 있을까? 앞 장들에서 다룬 여섯 가지 요점은 다음과 같다.

1. 성경적인 지혜의 핵심 윤곽과 그 구성 요소들을 파악했다.
2. 기독교 세계관에서 지혜의 역할을 서술했다.
3. '주님을 향한 두려움'의 의미를 탐구해 보았다.
4. 잠언의 지혜와 그리스도의 인격 사이의 관계를 살피고, 양자가 창조 세계와 어떻게 연결되는지를 숙고해 보았다.
5. 9장에서 '지혜로운 여인'과 '어리석은 여인'으로 표상되는 두 가지 길의 근본적인 역할을 헤아려 보았다.
6. 31장의 지혜로운 여인이 일종의 온전한 인간으로, 모든 시대와 장소 가운데서 인류 앞에 참된 지혜의 길을 드러내는 하나의 본보기가 된다는 점을 살폈다.

지혜로운 우정의 길

잠언 7장 4-5절에서는 다음과 같이 우정의 주제를 언급한다. "지혜에게 너는 내 누이라 하며 명철에게 너는 내 친한 벗이라 하라. 그리하면 이것이 너를 지켜서 음녀에게, 말로 호리는 이방 여인에게 빠지지 않게 하리라"(NRSV). 이 본문은 강력한 병행법을 써서 신실하고 친밀하며 정직한 우정의 가치를 드러낸다. 나는 종종 친구의 의미를 다음과 같이 정의한다. '나를 진정으로 아끼고 사랑하기에 필요할 때는 (실제로) 나를 화나게 하는 일도 피하지

않는 존재.'

이것이 7장 4-5절에서 묘사되는 우정의 모습이다. 본문의 벗은 상대가 간음을 생각하고 있음을 알아챌 정도로 그와 가까운 사이인 동시에, 그의 죄를 솔직히 지적할 정도로 그를 아끼고 위한다. 여기서 간음은 일차적으로는 배우자에 대한 육체적인 불성실함을 가리키지만, 하나님을 향한 영적인 불성실함도 포함된다. 어리석음의 길을 좇기 위해 지혜의 길을 저버리는 것은 곧 하나님을 향한 부정한 태도의 전형과도 같다.

이 슬기로운 벗은 지혜와 의의 길이 어디에 있는지를 바르게 인식하며, 자기 삶의 길뿐 아니라 상대가 걷는 길에도 많은 관심을 기울인다. 이 벗의 통렬한 책망은 선하고 신뢰할 만한 의도에서 나오지만, "원수의 잦은 입맞춤은 거짓에서 난 것"이다(27:6).

지혜로운 벗이 이런 태도를 취하는 이유는 무엇일까? 사람보다 하나님을 더 두려워하기 때문이다. 신실한 벗은 자신에 대한 남들의 감정과 평판보다, 친구의 영적이며 신체적인 건강, 혹은 심리적이며 정서적인 건강에 더 많은 관심을 쏟는다. 그의 우정은 주님을 향한 두려움에서 시작되며, 사랑과 진리, 공의에 근거해서 다른 이들과의 풍성한 교제를 지향한다. 이런 벗들은 단순한 지인에 그치지 않고, "형제보다 [더] 친밀[한]" 이들이 된다(18:24).

사심이 없는 우정(17:9, 17)

지혜로운 벗은 늘 용서하는 사람이다. 이에 관해, 잠언 17장 9절을 보자. "모욕을 용서하는 자는 우정을 양육하지만 다툼을 일삼는 자는 친구와 멀어지게 되느니라"(NRSV). 그리고 17절에서는 다음과 같이 말씀하고 있다. "친구는 사랑이 끊어지지 아니하고."

그러면 용서는 어떻게 우정을 북돋아 주는가? 첫째, 자신의 감정을 지나치게 중시하지 않기 때문이다. 친구가 나에게 말과 행동으로 모욕을 가한다면 원망이 생겨나며, 그 모욕을 용서하기를 거부할 때 우정을 부식시키는 마음의 쓴 뿌리가 자라난다. 이때에는 나 역시 상처를 주는 말과 행동으로 모욕을 되갚아 줄 수 있지만, 지혜로운 벗들은 이 경우에 그 허물을 가만히 덮어 준다. 자신의 감정보다 그 친구의 형편에 더 깊은 관심을 쏟기 때문이다. 이들의 우정은 우리를 위해 "자기를 비[우시고]" 십자가에 달려 죽기까지 하나님의 뜻에 순복하신 그리스도의 마음을 본받으라는 바울의 권면에 깊이 부합한다(빌 2:7).

둘째, 용서가 우정을 북돋우는 이유는 하나님의 성품을 본받는 일이기 때문이다. 지혜가 무엇보다 삼위일체 하나님 자신의 속성임을 감안할 때, 지혜로운 이들이 그분의 성품을 본받아서 벗들의 허물을 기꺼이 (심지어는 간절히) 용서하고자 함은 그리 놀랄 만한 일이 아니다. 그렇다면 하나님이 우리를 용서하시는 이유는 무엇일까? 그분은 자신의 공의를 타협하지 않으면서도, 자신의 깊은 사랑과 자비로 인해 우리를 용서하기 원하신다. 이와 마찬가지로, 지혜로운 이들은 친구들의 죄와 어리석음을 정직하게 대면하면서도 자신을 향한 그 친구들의 감정적인 비난과 공격을 너무 심각하게 받아들이지는 않는다. 오히려 용서를 통해 우정이 더욱 돈독해짐을 헤아릴 줄 안다. 그렇기에 쉽게 성을 내지 않으며, 그보다는 진정한 벗의 사랑과 관대함을 드러내는 편을 선호한다.

자신을 내주는 우정

우정의 영역에서, 참된 지혜의 길은 사심이 없는 성격을 띠는 데 그치지 않고, 심지어는 자신을 내준다. 달리 말해, 지혜로운 이들의 우정은 그리스도를 본받는다. 이에 관해, (신약의 '잠언'으로 부를 수 있는) 야고보서는 다음과 같이 일깨워 준다. "이에 성경에 이른 바 아브라함이 하나님을 믿으니 이것을 의로 여기셨다는 말씀이 이루어졌고 그는 하나님의 벗이라 칭함을 받았나니"(약 2:23). 나아가서 요한복음 15장에 나오는 예수님의 가르침을 보자. "사람이 친구를 위하여 자기 목숨을 버리면 이보다 더 큰 사랑이 없나니"(요 15:13).

이 믿음은 우리와 하나님 사이의 관계에서 일종의 근본적인 토대가 된다. 우리는 바로 그 믿음 안에서 그분의 가족이 되며, 그분과의 깊은 우정 가운데로 이끌림을 받는다. 그리고 예수님은 이 요점을 한층 더 심화해서, 자신의 벗을 위해 기꺼이 목숨을 버리는 것보다 더 큰 우정은 없다고 말씀하셨다.

달리 말해, 우리는 믿음으로 주님의 가족 안에 들어가는 동시에 우리를 위해 자신의 생명을 주신 그분과의 우정을 누리게 된다. 하나님은 우리가 그분의 벗이 될 가능성을 열어 두셨을 뿐 아니라, 아들이신 예수님의 인격과 사역에서 친히 그 길을 확보해 주셨다. 예수님은 진리의 길 자체이시며, 자신의 희생적인 죽음을 통해 우리에게 참된 우정의 본보기가 되어 주셨다.

지금 우리의 친구 관계들은 과연 그리스도의 모습을 닮는 방향으로 형성되어 있는가? 서로를 위해 (생명까지는 제쳐 두더라도) 단 하룻저녁이라도 시간을 내줄 마음의 준비가 되어 있는가? 우리 모두 이같이 자기를 내주는 우정에 이르도록 노력하며, 그리하여 다음과 같은 잠언 18장 24절의 가르침이 우리 삶에서 드러나게 되기를 소망한다. "어떤 이들은 우정을 가벼이 여기고 농락하지만 참된 친구는 형제보다 더 친밀하니라"(NRSV).

지혜로운 재정의 길

경제는 모든 사회의 기초적이며 필수적인 영역이다. 물론 '경제'(economics)라는 용어 자체는 단순한 재화와 서비스의 교환보다 훨씬 더 많은 것을 의미하지만, 거기에는 그러한 교환의 의미도 분명히 담겨 있다. 오늘날 우리의 경제 체제는 우리가 '돈'이라고 부르는 물질적인 수단, 곧 교환 가치를 지니는 지폐나 동전 등의 통화를 중심으로 움직인다.

성경에는 돈에 관한 많은 가르침이 담겨 있으며, 이 점에 관해서는 잠언의 기여 역시 상당하다. 여기서는 재정 문제를 다루는 각 개인의 접근 방식에 관한 잠언의 다섯 가지 주요 주제를 살펴보려고 한다. 잠언에서 돈의 주제는 '일과 게으름', '명예와 수치', '좋은 지도자와 나쁜 지도자' 등의 다른 중요한 주제들과 서로 긴밀히 맞물려 있다. 하지만 지금은 개인적인 재정 문제로 관심의 초점을 좁혀 보겠다.

정직하고 공정한 거래

돈 문제에 관해서는 아래의 구절들이 자주 인용된다.

속이는 저울은 여호와께서 미워하시나
　공평한 추는 그가 기뻐하시느니라(11:1)

부자는 가난한 자를 주관하고
　빚진 자는 채주의 종이 되느니라(22:7)

첫 구절은 재정적인 거래들을 정직하고 공정하게 감당해야 한다는 중요한 주제를 강조한다. 후자는 빚의 위험성을 언급하는데, 그 빚이 어느 한 개인에게 진 것인 경우에 더욱 그러하다. 하나님은 우리가 모든 일에서 정직하기를 바라시며, 이는 아홉째 계명에서 명확히 제시될 뿐 아니라 잠언 6장 16-19절에서 하나님이 미워하시는 여섯 가지 일을 열거할 때도 강조되는 바와 같다. 곧 우리의 입으로 거짓을 말하거나 돈을 부정직하게 사용하는 일은 주님 보시기에 혐오스러우며, 그분의 길을 훼손하는 행위가 된다는 것이다.

공정한 거래에 대한 강조점은 하나님 자신의 본성에 부합한다. 주님은 친히 의롭고 공평한 일들을 행하시며, 그분을 경외하는 이들에게도 그와 같이 처신할 것을 요구하신다. 이에 관해, 시편 25편 8-9절은 이렇게 가르친다. "여호와는 선하시고 정직하시니 그러므로 그의 도로 죄인들을 교훈하시리로다 온유한 자를 정의로 지도하심이여 온유한 자에게 그의 도를 가르치시리로다." 선지자 미가가 전한 다음의 말씀도 보라. "여호와께서 네게 구하시는 것은 오직 정의를 행하며 인자를 사랑하며 겸손하게 네 하나님과 함께 행하는 것이 아니냐"(미 6:8).

후히 베풂

남에게 베푸는 것보다 하나님의 성품을 더 온전히 닮아 가는 일이 어디 있을까? 성경 전체의 드라마는 선하시며 모두에게 후히 베푸시는 하나님에 관한 이야기를 들려준다. 그분은 인간들의 심각한 죄와 반역에도 불구하고 자신의 백성에게 계속 은혜를 베푸셨으며, 마침내는 죄인들을 대신해서 자기 아들을 죽음의 자리로 내주기까지 하셨다. 지금도 하나님은 우리에게 놀라운 영생의 은사를 베푸시며, 그 길은 그분의 아들이신 예수님을 믿어 성부 하나님과의 교제를 회복하게 된 모든 사람 앞에 주어져 있다. 또 하나님은 성령을 우리에게 보내셔서, 우리 안에 내주하시는 그분의 역사로 우리가 늘 새 힘을 얻게 하신다. 이를 통해 우리는 하나님의 뜻대로 걷는 법을 다시금 배워 간다.

만약 이것이 세상의 참모습을 보여 주는 이야기라면, 어떻게 우리 역시 관대한 태도를 취하지 않을 수 있겠는가?

실제 우리의 삶에서, 관대함은 다양한 형태로 나타난다. 종종 이 관대함의 주된 영역들로 시간과 재능, 재물(혹은 돈)이 언급되며, 이는 충분히 이해할 만한 일이다. 하지만 진정한 의미의 관대함은 이보다 더 깊은 수준에 위치하며, 이를 위해서는 하나님과 이웃을 섬기기 위해 우리 자신을 끊임없이 비워 가는 일이 요구된다. 이는 받는 사람만큼이나 주는 사람 자신에게도 크게 영향을 끼치며, "나는 죽고 그리스도로 온전케 되는 일"이 선한 삶의 본질임을 늘 일깨워 준다. 그리고 그분은 우리가 소유하고 또 나눌 수 있는 가장 귀한 보물이 되신다.

부유함이 주는 속임수

부는 그것을 소유한 이들로 하여금 자신이 안전하다는 믿음을 품게 한다. 그런데 그 생각이 과연 옳을까? 이에 관해, 잠언 18장 11절은 이렇게 말씀한다. "부자의 재물은 그의 견고한 성이라 그가 높은 성벽같이 여기느니라."

물론 안정적인 수입과 탄탄한 은퇴 계획, 건전한 투자 포트폴리오는 희망찬 미래를 위한 유익한 자산들이다. 하지만 여기에 궁극적인 소망을 두어서는 안 된다. 실직이나 과중한 의료비 부담, 경기 침체 중의 어느 하나라도 부유층을 금세 파산시킬 수 있기 때문이다. 모든 일이 재정적으로 순조롭게 흘러갈 때, 우리는 아무도, 그 무엇도 우리의 삶을 흔들어 놓을 수 없다고 믿곤 한다. 하지만 예기치 못한 재난이 닥쳐오면, 그 삶이 얼마나 연약했는지를 새삼 깨닫게 된다. 그리고 자신의 부가 결국 '견고한 성'이 아님을 알게 된다.

유산

이 주제에 관한 잠언의 구절을 보자. "선인은 그 산업을 자자손손에게 끼쳐도 죄인의 재물은 의인을 위하여 쌓이느니라"(13:22). 지혜는 본성상 전통적인 성격을 띠며, 그것이 다음 세대로 이어지는 방편 중 하나는 바로 가정의 전수를 통해서이다.

일반적으로 유산은 부모나 조부모가 세상을 떠날 때 자녀들과 손주들이 물려받는 돈이나 토지 또는 다양한 자산의 총합으로 여겨진다. 실제로 자신의 재산을 잘 간직해 두었다가 이후의 세대에 건네주는 것은 좋은 일이다. 가족의 문화와 삶의 보금자리가 보존되며, 재정적으로도 큰 힘이 되기 때문이다.

하지만 별다른 돈이나 토지를 소유하지 못한 가족들은 어떻게 해야 할까? 다음 세대에 무엇을 물려줄 수 있을까? 여기서 지혜는 어떤 재화나 땅보다도 더욱 값진 유산이 됨을 기억해야 한다. 삶에서 획득할 수 있는 가장 큰 자산이며, 대대로 전해 줄 가장 귀한 보화이다(8:11).

지혜를 사들이기

근래에 한 지인이 내게 이렇게 언급한 적이 있다. "지혜는 값을 주고 살 수 있는 것이 아니지." 나는 즉시 동의했지만, 잠언에서는 실제로 지혜와 진리를 사들일 것을 우리에게 권고한다는 점이 나

중에 떠올랐다. "진리를 사되 팔지는 말며 지혜와 훈계와 명철도 그리할지니라"(23:23).

여기서 나는 이 구절(그리고 17:16에 나오는 유사 구절)의 의미가 곧바로 와닿지는 않았음을 고백해야겠다. 대체 잠언에서 '진리와 지혜, 명철을 값 주고 사라'고 권면하는 이유는 무엇일까?

그 답은 세상 재물과 지혜의 문자적인 교환에 있지 않다. 오히려 그 교환은 인간 영혼의 깊은 곳에서 일어나며, 이 일은 우리가 현세적인 것들에 대한 집착을 내려놓고 영원한 것들을 추구할 때 이루어진다.

'지혜를 사는' 일은 곧 영원한 세계의 일에 우리의 모든 사랑과 소망을 두는 것을 의미한다. 그 세계에 속한 생명과 사랑, 선함과 의, 공의에 참여함과 동시에, 인자하신 우리 하나님의 본성과 행하심을 드러내는 모든 일에 동참하는 일이다. 그런데 이 현세와 영원을 물리적인 것과 영적인 것, 또는 물질세계와 비물질세계로 구분해서는 안 된다. 이미 앞에서 보았듯이, 지금 이 창조 세계는 하나님께 속한 것으로서 모두 선한 성격을 띠기 때문이다. 심지어 물질적인 세계도 주님이 행하시는 구속 계획의 중요한 일부로 남아 있으며, 이는 그분이 친히 인간이 되어 오신 성육신의 사건에서 뚜렷이 드러난다.

오히려 현세와 영원의 교환은 우리의 모든 믿음과 소망, 사랑을 영원하신 하나님께 두는 일을 의미한다. 우리는 이 일을 통해 늘 삶의 새 힘을 얻고, 그분께 속한 참된 지혜의 길을 걸어간다.

지혜로운 가정의 길

가족의 문제를 살피는 일은 곧 인간관계 일반을 다루는 것과 같으며, 잠언은 이 주제에 관해 많은 가르침을 준다. 그리고 이 일은 하나의 공동체를 이루어 세상을 다스리도록 사람들을 지으신 하나님의 계획을 숙고해 보는 것이기도 하니, 이 공동체는 바로 그분과의 교제 속에 있는 하나의 가정에서부터 시작되기 때문이다. 그러므로 여기서는 가족에 특히 관심을 두면서 인간관계 전반에 관한 잠언의 가르침을 되새겨 보려 한다.

2장에서는 데릭 키드너의 논의를 언급한 바 있다. "[잠언에서 중요시하는 대상이 우리의 가정뿐인 것은 아니지만], 그곳은 여전히 이 지혜의 가르침이 전파되는 주된 장소로 남아 있다. 그리고 가정의 순전성을 위협하는 것은 무엇이든 깊은 우려의 대상으로 간주된다."[53]

---

53 Kidner, *The Wisdom of Proverbs*, 20.

남편과 아내의 관계

다툼보다는 존중을 택하라

잠언은 쉽게 다툼을 걸거나 분을 내는 아내에 관해 다소 인상적인 가르침들을 제시한다.

다투는 여인과 함께 큰 집에서 사는 것보다 움막에서 사는 것이 나으니라(21:9)

다투며 성내는 여인과 함께 사는 것보다 광야에서 사는 것이 나으니라(21:19)

그런데 이 구절들은 노하거나 다투기를 좋아하는 남편들에게도 똑같이 적용할 수 있다. 여기서 관심의 초점은 성별보다는 서로의 관계에 있기 때문이다. 서로에게 말하는 방식을 주의 깊게 살피고, 그 일이 각 가정의 문화에 어떤 영향을 미치는지를 돌아보아야 한다는 것이 문제의 핵심이다. 이런 가르침은 말함과 들음에 관한 잠언의 다른 여러 구절과도 중첩되지만, 21장 9절과 19절에서는 특히 경솔한 말들이 오랜 시간의 흐름 속에서 불필요한 긴장과 갈등을 유발하게 된다는 점을 강조한다. 그리고 27장 15절에서는 이 부주의한 말들이 마치 "비 오는 날에 이어 떨어지는 물방울"과 같다고 지적한다. 이런 말들은 은밀한 소문내기나 비방보다는 덜 사악하지만, 길게 보면 우리에게 똑같이 해를 입히는 것들이다.

바람직한 대안은 남편과 아내가 사적으로나 공적으로 모든 면에서 서로를 존중하는 데 있다. 남편은 (잠언 31장 28-29절에서 담대한 여인의 남편이 그리하듯이) 자기 아내를 기꺼이 칭송하려는 마음을 품어야 한다. 남들 앞에서만 아내에 관해 공허한 미사여구를 늘어놓는 데 그치지 않고, 늘 진심으로 그녀를 아끼며 배려하는 모습을 보여야 하는 것이다. 이것이 바로 사랑의 길이며, 특히 배우자와의 관계에서 드러나는 이웃 사랑의 방식이기 때문이다.

부정함을 버리고 순전함을 추구하라

순전함은 잠언의 중요한 주제 중 하나이며(14:2; 15:33; 18:12), 특히 가정에서 꼭 필요한 가치이다. 잠언은 우리의 가정과 그 안의 모든 관계가 늘 깨끗하고 정직한 성격을 띠기를 기대한다. "의로운 이들은 순전한 길로 행할 것이니, 그 뒤를 따르는 자녀들은 행복하다!"(20:7, NRSV) 그리고 영어표준역(ESV)에서는 이 구절의 후반부를 이렇게 번역한다. "그와 함께 걷는 자녀들은 복되도다!"

실제로 의인들은 순전한 길을 걷는 이들이다. '걷기'는 잠언을 비롯한 성경 전체의 주된 은유 중 하나이며, 각자의 정황에서 순전하게 행하는 일은 하나님의 성품과 그리스도의 삶, 그리고 창조의 질서에 부응하는 것이기 때문이다. 이런 의인의 길은 여러 세대에 걸쳐 전수되기에, "그와 함께 걷는 자녀들은 복되다"고 말할 수 있다.

우리에게 특히 중요한 것은 배우자를 향한 정절을 지키고 간직하는 일이다. 그렇기에 잠언은 생생한 비유와 묘사로 성적인 부정의 위험성을 강력히 일깨워 준다. 유혹하는 여인에 관한 7장의 경고(이 책의 6장을 보라)를 좇아, 우리는 자신의 말에 귀 기울이며 그 여인의 길로 돌아서지 말라고 호소하는 화자의 말을 경청해야 한다. 이는 그 길이 결국 우리를 사망으로 인도하기 때문이다(7:25-27).

지금 많은 사람이 이 잠언의 가르침을 자신의 죄, 특히 성적인 죄에 대한 직접적인 경고로 받아들일 필요가 있다. 어떤 이들에게는 7장의 유혹적인 여인이 물질주의와 소비주의, 이기심과 탐욕, 나태함을 비롯한 여러 사악한 길의 폐단들을 의미할 수 있다.

남편과 아내 사이의 이 순전한 관계는 가정의 토양을 비옥하게 만들어서 구성원들을 번성하는 삶의 길로 인도한다. 이 순전함은 배우자나 자녀들의 마음속에서 예기치 않은 가정의 분열에 대한 두려움을 가라앉혀 준다. 또 남편과 아내 사이의 충실한 관계에 대한 신뢰를 강화해 주며, 이를 통해 그분의 백성을 향한 하나님의 신실하심이 어떤 것인지를 드러내 주는 역할을 한다. 그리고 설령 (그런 일은 결코 없어야 하겠지만) 배우자가 부정을 저지를 때도, 성경의 이야기는 하나님이 그분의 신부인 자신의 백성을 향해 결코 신실한 태도를 잃지 않으시는 분임을 드러내 준다. 하나님이 우리에게도 그러한 신실함을 간직하는 인내를 허락해 주시기를 빈다.

부모와 자녀의 관계

경청

잠언의 많은 부분은 아버지가 아들(혹은 자녀)에게 지혜를 들려주는 형식이며, 이 내용들은 가정에서의 경청의 중요성을 우리에게 가르쳐 준다. "지혜로운 아들은 아비의 훈계를 들으나 거만한 자는 꾸지람을 즐겨 듣지 아니하느니라"(13:1). 이때 강조점은 주로 아이들이 부모나 조부모의 말씀을 귀담아 들어야 한다는 쪽에 치중되며, 이는 물론 꼭 필요한 일이다. 하지만 더욱 일반적인 측면에서 살필 때, 참된 지혜는 우리가 자녀일 때뿐 아니라 부모일 때도 늘 상대방의 말을 경청할 것을 가르친다.

다시 말해, 자녀들은 부모의 말을 경청하며 지혜로운 가르침을 따라야 한다. 그리고 부모들 역시 자녀의 말을 새겨들어야 한다. 이때 그 목적은 꼭 어떤 지혜를 얻으려는 것보다도 자녀들의 마음을 더 깊이 헤아리려는 데 있다. 우리는 잔소리를 늘어놓는 데 그치지 않고 경청의 시간을 가짐으로써 아이들의 인격을 존중하는 태도를 보여 줄 수 있다. 그리고 이를 통해, 아이들의 현재 상황에 알맞은 방식으로 그들을 양육하게 되는 것이다. 우리는 참된 지혜가 모든 상황에서 획일적인 성격을 띠지 않는다는 점을 알아야 한다. 지혜의 적용 방식은 지극히 다양하고 구체적인 모습으로 드러난다.

훈육

나는 종종 아이들에게 이렇게 일깨우곤 한다. "규칙이 필요한 이유는 너희가 아직 미숙하기 때문이야." 이에 관해서는 여러 이야기를 할 수 있지만, 중요한 점은 이것이다. '우리 가정에 규칙이 존재하는 이유는 아이들이 다 자라기 전까지 그들의 유익을 돌보기 위함이다.' 어떤 규칙(이나 지침)은 우리가 거주하는 나라나 국가의 법률에 따른 것일 수도 있다. 하지만 부모들이 정하는 각 가정 고유의 규칙들도 있는데, "주차장에서는 엄마 아빠 손을 꼭 잡아야 한다" 등이다. 이런 규칙들이 있어야 할 이유는 무엇일까? 아직 아이들이 매우 어리기 때문이다. 우리 집에서는 첫째와 둘째가 주차장에서 안전하게 행동하는 법을 겨우 알아 가는 중이다.

그런데 내 아이들이 스무 살이 된 후에도 여전히 이 규칙이 요구된다면, 무언가 큰 문제가 있는 것이 틀림없다. 이는 규칙이 사람들을 위해서 있는 것이 아니라 사람들이 규칙을 위해 존재하는 일의 한 사례가 된다. 그리고 이 일은 진정한 성숙으로 나아가는 길을 오히려 방해하고 만다. 적절하게 고안되고 마련된 규칙들은 마땅히 우리의 성숙을 촉진해야 하며, 일단 목표가 어느 정도 달성된 뒤에는 없어져야 한다.

그러면 이런 우리의 관점은 자녀 훈육의 문제에 어떻게 적용할 수 있을까? 한 자녀가 정당한 규칙들을 부당한 이유로 깨뜨릴 때, 우리는 아이의 유익을 위해서나 가족 간의 사랑과 평화를 유지하기 위해서 적절히 징계해야 한다. 그런데 이때 훈육은 아이가 범한 잘못의 정도에 부합하는 수준으로, 애정을 담아 행해야 한다. 그리고 훈육 자체를 소홀히 하는 일 역시 그릇되다. 아이나 가족 전체가 하나님과 이웃을 사랑하는 방향으로 계속 나아가게끔 격려를 얻지 못하게 되기 때문이다.

지혜의 유산

가족의 아름다운 본질 중 하나는 유산에 있다. 우리는 한 세대에서 다음 세대로 그 전통과 가치, 문화를 물려주며, 그 가운데서 그것들이 조금씩 바뀌고 수정되어 가는 모습을 볼 수 있다. 우리의 유산은 이런 변화들을 거쳐 전수되며, 그 과정에서 다양한 세대의 가치관과 삶의 방식들을 반영하게 된다.

잠언은 참된 지혜가 이런 세대 간의 전승을 통해 우리의 공동체 가운데서 풍성히 드러나게 되기를 기대한다(앞에서 언급했던 20장 7절의 내용을 떠올려 보라). 그 지혜는 우리의 삶 전체에 걸쳐 함양되고 습득되며, 우리가 주님을 향한 경외심을 품고 살아갈 때 그 지혜를 조금씩 온전히 헤아리게 된다. 그다음에는 마치 집안 고유의 요리법처럼 미래 세대의 자손들에게로 계속 전해진다. 그리고 그들은 주님의 길로 행하는 그 복된 전통을 계속 이어 가게 된다. 이런 지혜의 전승이 가진 중요성은 모세가 전한 다음의 설교에서도 잘 드러난다.

> 이는 곧 너희의 하나님 여호와께서 너희에게 가르치라고 명하신 명령과 규례와 법도라 너희가 건너가서 차지할 땅에서 행할 것이니 곧 너와 네 아들과 네 손자들이 평생에 네 하나님 여호와를 경외하며 내가 너희에게 명한 그 모든 규례와 명령을 지키게 하기 위한 것이며 또 네 날을 장구하게 하기 위한 것이라 이스라엘아 듣고 삼가 그것을 행하라 그리하면 네가 복을 받고 네 조상들의 하나님 여호와께서 네게 허락하심같이 젖과 꿀이 흐르는 땅에서 네가 크게 번성하리라(신 6:1-4)

잠언은 신명기의 개념을 한층 더 확장하면서, 하나님을 경외하고 그분의 계명들을 지키는 삶이 가정의 안팎에서 어떤 모습인지를 생생히 보여 준다.

지금까지 이 장에서 살펴본 우정과 재정, 가족에 대한 간략한 논의들은 잠언에 담긴 지혜의 길에 대한 일종의 맛보기일 뿐이다. 그리고 그 논의들을 통해, 내가 이 책 전체에 걸쳐 다룬 지혜의 윤곽과 구성 요소들이 실제로 하나님 앞에서 슬기롭게 살아가는 일의 핵심 특징임을 독자들이 명확히 파악하게 되기를 빈다. 잠언의 여러 주제는 이런 지혜의 요소들로 가득 차 있으며, 이는 주님을 경외하는 이들로 하여금 늘 그분과 이웃들을 더 깊이 사랑하도록 이끌어 간다.

우리가 하나님의 길로 힘써 걸어가는 동안에, "주 예수 그리스도의 은혜와 하나님의 사랑과 성령의 교제가 여러분 모두와 함께 계시기를" 빈다(고후 13:13, NRSV).

| 읽 어 볼 글 들 |

- 지혜와 우정에 관한 핵심 구절들
  잠언 7:4-5; 12:26; 14:20; 16:28; 17:9, 17; 18:24; 19:4, 6-7; 22:11, 24; 27:6, 10
- 지혜와 재정에 관한 핵심 구절들
  잠언 8:11, 18-21; 11:1, 4, 15, 24-26; 15:27; 16:8; 17:16; 18:11; 19:17; 21:6; 22:7, 9, 16; 23:4, 23; 27:23-24; 28:27; 30:7-9
- 지혜와 가족에 관한 핵심 구절들
  잠언 10:1; 13:1-2; 15:20; 17:2, 6, 17, 21; 19:13, 18, 26; 20:7, 20; 22:6; 23:13-14, 22-25; 27:8; 28:7, 24; 29:3, 15, 17; 30:11, 17, 21-23
- 시편 119편

| 생 각 해 볼 질 문 |

01 이 장에서 논의한 주제들(우정, 재정 혹은 가족) 중 하나를 택한 뒤, 2장에서 다룬 지혜의 핵심 요소들이 그 영역과 구체적으로 어떻게 연관되는지를 한번 숙고해 보라.

_____

02 이 장에서 다루지 않은 잠언의 다른 주제(리더십이나 게으름, 교육 등) 중 당신이 특별히 관심을 기울여야 할 사안은 무엇인가? 당신은 그 영역의 올바른 지향점을 헤아리는 일에 지혜의 핵심 요소들을 어떻게 접목해 볼 수 있겠는가?

_____

03 당신이 이 책에서 얻은 중요한 교훈 세 가지는 무엇인가?

_____

결론

 논의를 마치면서, 나는 여러분이 잠언의 메시지를 한층 더 깊이 탐구하는 여정으로 나아가게 되기를 기도한다. 우리의 일상적인 삶과 잠언의 가르침 사이에는 지극히 풍성한 연관성이 있으며, 적용 방식은 무궁무진하다. 자녀 양육과 재정, 정치와 직장 생활, 우정 등의 영역에 관한 대처법과 실천에 관한 지침들을 넘어서서, 실로 다양한 영역에 접목할 수 있다. 잠언의 메시지는 성경 전체의 이야기에 깊이 뿌리박고 있으며, 잠언의 교훈들은 세상이 여전히 우리 아버지 하나님께 속했음과 동시에 우리에게도 중요한 역할이 부여되어 있음을 일깨워 준다.

 여기서는 이 책의 서두에서 지적했던 요점을 되새기면서 잠언 연구를 마무리하고자 한다. 우리가 삶의 길을 바르게 걷는 법을 다시 배워 가야 한다는 것이다. 우리는 하나님을 경외하는 모든 사람에게 이렇게 권면해야 한다. "힘써 지혜를 얻으십시오!" 즉 주님을 향한 참된 두려움에서 시작하는 지혜 말이다. 하나님께 속한 이 지혜는 교회와 가정, 우리 개개인의 재정 문제나 나이 든 이들의 삶에만 국한되지 않는다. '지혜로운 여인'은 지금도 거리를 오가는 모든 사람을 소리쳐 부르며, 와서 함께 식사를 나누자고 초대하고 있다. 우리는 마땅히 그 부름을 듣고 따라야 할 것이니, 그녀의 잔치는 곧 우리에게 영원한 생명을 베풀어 주기 때문이다.

그리고 주 그리스도의 부르심도 이와 동일한데, 이는 결코 우연이 아니다. 예수님은 하나님의 능력이자 지혜이신 분으로서, 자신과 함께 영원하고 풍성한 생명의 식사를 누리도록 우리를 초대하신다. 주님의 그 생명 가운데서, 우리는 하나님의 뜻과 지혜가 세상에서 다시 확립되며 그 백성의 삶에서 계속 확장되어 가는 모습을 볼 수 있다. 그러니 이제는 우리도 그 하나님의 백성의 대열에 동참해 보기로 하자. 그들은 늘 그리스도의 길로 걸어가며, 그분의 나라가 하늘에서 이루어진 것같이 이 땅에도 임할 것을 선포한다.

부록

잠언을 읽고 가르치는 일에 관한 조언들

"만약 여러분이 거룩한 성경 또는 그 일부분을 파악했다고 하면서도 이를 통해 하나님 사랑과 이웃 사랑에 이르지 못한다면, 아직 그 의미를 온전히 깨닫지 못한 것입니다."

– 히포의 성 아우구스티누스(St. Augustine of Hippo),
On Christian Doctrine(기독교 교리에 관하여)

잠언의 메시지를 전하고 가르칠 때, 무엇보다 중요한 것은 잠언의 통일성을 파악하는 일이다. (비록 널리 퍼진 관행이기는 하지만) 잠언 본문을 작은 단편들로 쪼개서 날마다 한 구절씩 묵상하는 것은 그 책 자체의 일관성이나 성경 전체의 이야기에서 그 책이 지니는 의미, 또는 예수님의 생애와 사역을 예견하는 책으로서 그것이 가진 신학적 깊이를 헤아리는 데 그리 도움이 되지 않을 수 있다. 다음 내용은 잠언의 메시지를 가르칠 때 필요한 간단한 조언들이다.

조언 1: 잠언의 지혜를 성경의 하나님과 연관 짓기

잠언은 아브라함과 이삭, 야곱의 하나님 여호와께서 만물의 창조주이자 지혜의 시작점이 되신다는 것을 애써 변호하려 들지 않는다. 오히려 이 진리를 하나의 당연한 전제로 삼으면서, '코람 데오'(coram Deo), 곧 그 하나님의 임재 앞에서 살아가는 삶의 모습이 어떤 것인지를 구체적으로 드러내 준다. 세상 만물(모든 시간과 장소)이 그분께 속했으며, 그렇기에 우리는 참된 지혜의 시작점이신 주님의 뜻을 좇아 모든 삶을 영위해 가야 한다.

이 '지혜의 시작점'을 다른 신이나 사물로 대체하는 것은 곧 잠언의 중심 메시지를 허물어 버리는 것과 같다. 잠언의 관점은 창세기 1-2장의 창조 이야기들에 담긴 것과 매우 유사하니, 이는 두 책 모두 창조주 하나님의 존재를 어떤 식으로 변호하거나 더 자세히 설명하려 들지 않기 때문이다. 대신에 창세기는 창조 이야기를 고대 근동의 다른 창조 이야기들(신화들)에 대한 일종의 대응 서사로 제시한다. 곧 그 본문의 내용은 세상의 다른 모든 이야기를 넘어서서, 세상의 참된 기원과 본질을 보여 주는 유일한 이야기로 남는 것이다.

그리고 잠언 역시 그 고유의 대응 서사를 제시한다. 이 서사는 창세기의 창조 이야기에 기반을 두고 전개되는 동시에, 구체적으로는 사람들이 세상에서 살아가는 삶의 방식에 주로 관심을 둔다. 그리고 잠언의 메시지가 전달되는 대상은 아브라함의 후손들에게만 국한되는 것도 아니다. '지혜로운 여인'은 세상 모든 사람을 향해 소리쳐 부르니, 그 여인의 가르침은 유대인과 이방인의 구별을 초월하며 그 시야는 온 창조 세계를 포괄한다. 나아가서 우리는 잠언의 메시지를 족장들과 모세, 다윗과 선지자들이 섬겼던 창조주 하나님께 결부함으로써, 그 지혜의 부름에 그분의 권위를 부여하는 동시에 내용 전체를 세상과 연관시킨 후, 하나님을 두려워하고 따르는 이들이 그분과 세상 앞에서 겸손한 확신을 품고 전진하게끔 인도해야 하는 것이다.

조언 2: 잠언의 지혜를 예수님과 연관 짓기

사도 바울은 예수님이 "하나님의 능력이요 하나님의 지혜"(고전 1:24)이시며 그 안에 "지혜와 지식의 모든 보화"(골 2:3)가 거하심을 분명히 한다. 그러므로 우리는 잠언의 모든 지혜를 예수님께 결부 짓는 것이 좋지만, 그 과정에서 너무 즉각적인 연관성을 추구함으로써 본문 자체의 통찰을 억압하는 일이 없도록 주의해야 한다.

잠언을 가르칠 때는 예수님의 어떠하심을 늘 기억하고 헤아려야 한다.[54] 예수님은 성육신하신 하나님의 지혜 그 자체이시며, 늘 온전한 지혜의 길로 행하셨던 분이다. 그분은 **세상에서** 지혜의 길을 생생히 드러내셨으며, **세상을 향해** 그 길의 참된 본보기가 되어 주셨다. 그러므로 예수님은 잠언의 진정한 주인공으로서, "[자기] 아버지의 훈계를 들으며 어머니의 가르침을 거스르지 않으셨던" 아들이시다(1:8, NRSV).

조언 3: 잠언의 지혜를 성경의 큰 계명과 대위임령에 연관 짓기

그리스도인들은 성경의 대위임령(마 28:16-20)과 큰 계명(예수님이 마 22:37-40과 막 12:29-31, 눅 10:25-28에서 다시 말씀하신)이 삶과 소명의 영역에서 최고의 지향점과 같다는 점을 바르게 헤아리고 있다. 달리 말해, 이 명령들은 성경의 '위대한 부르심'인 것이다. 우리는 잠언의 해석과 적용을 이 성경의 부르심에 접목시키고, 성경 전체의 통일성을 처음부터 끝까지 명확히 드러내야 한다.

여기서 나는 다음과 같은 아우구스티누스의 말을 다시 언급해 보려 한다. "하나님과 이웃을 향한 사랑을 북돋우지 않는 성경 해석은 모두 그 본문을 오해한 것과 같다." 우리가 믿음과 소망, 사랑으로 지혜롭게 행하며 자신의 말과 행실로써 그리스도의 복된

---

54 더 자세한 논의로는 이 책의 5장을 보라.

소식을 나눌 때, 우리는 성경의 위대한 부르심과 하나님이 주신 지혜의 길을 동시에 받들고 따르게 된다. 실제로 이 중 어느 하나를 간과하면서 다른 하나를 추구하는 것은 불가능한 일이다.

조언 4: 잠언의 주제들을 지혜의 핵심 요소들과 연관 짓기

잠언 1-9장은 그 책의 다른 부분들에 대한 해석의 열쇠를 제공한다.[55] 이 장들은 일종의 프롤로그 역할을 하며, 잠언의 제자(또는 지혜의 자녀)들이 던지는 다음의 질문들에 답한다. "왜죠?" "어떻게요?" "그걸 어떻게 알죠?" 그리고 그 책의 남은 부분(10-31장)은 주로 많은 수의 짧고 인상적인 격언들로 이루어져 있으며, 우리는 이 부분의 내용들을 잘 알고 있다. 1-9장은 어떤 면에서는 불규칙한 이 지혜의 조각들을 하나님과 그분의 창조 세계에 대한 진리 위에 근거 지우고 있다. 그럼으로써 그 격언들이 그저 성공적인 삶을 위한 일종의 지침 정도에 그치지 않고, 위로부터 임하는 참된 지혜(약 3장)와 결부되게끔 인도해 준다.

그러므로 잠언의 세부 주제들을 숙고할 때, (1) 그 주제와 가장 밀접히 연관되는 지혜의 여러 요소를 살피고 (2) 해석과 적용을

---

[55] Craig G. Bartholomew, *Reading Proverbs with Integrity*, Grove Biblical Series (Cambridge: Grove Books, 2001)를 보라. (『잠언 바로 읽기』, 성서유니온)

그 지혜가 세상에서 모습을 드러내는 방식에 관련지을 필요가 있다. 이에 관한 사례로는 이 책의 8장을 참조해 보라.

조언 5: 어머니날과 아버지날에 잠언 31장을 설교하기

나는 어머니날과 아버지날에 모두 잠언 31장을 가르치는 특권을 누렸다. 그렇다, 아버지날도 포함된다! 아마 어떤 이들은 본문이 아버지날 설교를 위해서는 부적절하거나 잘 어울리지 않는다고 여길 수도 있을 것이다. 잠언 31장에서는 놀랍도록 지혜롭고 담대한 어느 여인의 모습을 제시하고 있기 때문이다. 물론 그 담대한 여인이 실제로 한 사람의 여성이라는 사실을 경시해서는 안 된다. 하지만 이와 동시에, 그 여인이 단순히 세상의 여성들만을 대변하지는 않는다는 점을 인식해야 한다. 오히려 인류 전체가 따라야 할 이미지를 표상한다.

잠언은 담대한 여인의 지혜를 본받고 따르도록 지금도 우리 모두를 향해 손짓하고 있다. 남자와 여자 모두 주님을 두려워하는 마음으로 부지런히 일하고, 가족을 배려하며 섬기는 동시에 가난하고 소외된 자들을 돌보며, 신중하게 투자하고 재정을 잘 관리하는 등의 모습을 각자의 삶에서 보여 주어야 한다.

조언 6: 일상을 소중히 하라!

우리는 잠언에서 평범한 일들을 소중히 여긴다는 사실을 놓치지 말아야 한다. 우정과 일, 돈 관리와 대화, 식사와 결혼, 육아와 훈육, 정치를 비롯한 우리 삶의 일상적인 문제들이 잠언의 교훈들 한복판에서 계속 다루어진다. 잠언의 신학은 심오하며 본문의 전반적인 지향점과 필수적인 관계에 있지만, 이와 똑같이 두드러지는 것은 주제들의 평범함이다. 잠언은 모든 사회 계층과 인종, 성별과 국적에 속한 이들을 향해 그들의 일상이 하나님 앞에서 중요한 의미가 있음을 일깨워 주며, 바로 그 매일의 삶이 세상 속에서 참된 지혜의 길을 드러내기 위한 하나의 기회이자 책임임을 되새기게 한다.

잠언을 설명하고 적용할 때는 그 메시지의 통일성과 일관성을 부지런히 강조할 필요가 있다. 내용의 신학적인 측면과 실천적인 측면을 서로 접목시키는 동시에, 참된 지혜가 모든 시간과 장소에서 우리의 삶 전체에 어떤 영향을 미치는지를 생생히 드러내야 한다.

추천 도서

Craig G. Bartholomew and Ryan P. O'Dowd. *Old Testament Wisdom Literature: A Theological Introduction*. Downers Grove, IL: InterVarsity Press Academic, 2011.

바르톨로뮤와 오도우드의 이 책은 지혜 문헌 전반과 특히 성경 전체에 걸쳐 나타나는 지혜의 교리에 대한 유익한 개관서로서, 탁월하면서도 읽기 쉽게 저술되었다. 그리고 더 작은 책인 바르톨로뮤의 *Reading Proverbs with Integrity*, Grove Biblical Series. Cambridge: Grove Books, 2001(『잠언 바로 읽기』, 성서유니온)은 잠언을 읽고 가르치는 일에 관한 입문서로 특히 유용하다.

Michael V. Fox. *Proverbs 1-9*. The Anchor Yale Bible Commentaries. New York: Doubleday, 2000.

폭스는 현대 유대교의 관점에서 잠언에 관해 예리한 통찰들을 제시한다. 그는 잠언의 지혜와 토라의 율법 사이의 연속성이나 창조 교리와의 연관성, 그리고 본문의 내용을 밝히는 데 도움을 주는 고대 근동의 배경 등에 관해 깊은 관심을 품고서 주의 깊게 분석한다.

Derek Kidner. *The Wisdom of Proverbs, Job and Ecclesiastes: An Introduction to the Wisdom Literature*. Downers Grove, IL:

InterVarsity Press, 1985(『어떻게 지혜서를 읽을 것인가』, IVP).

키드너의 책은 잠언을 연구하고 가르치는 이들에게 하나의 고전이 되어 왔다. 본문의 핵심 메시지를 실천적인 측면에서 파악해 내는 동시에 신학적 의미를 예리하게 통찰하는 그의 솜씨는 실로 모범적이다. 그의 잠언과 시편에 관한 다른 주석들과 함께 이 개론서를 진심으로 추천한다.

Tremper Longman III. *How to Read Proverbs*, How to Read Series. Downers Grove, IL: InterVarsity Press, 2002(『어떻게 잠언을 읽을 것인가』, IVP).

롱맨의 작업은 잠언과 지혜 문헌에 관한 오늘날의 연구들 중에서도 가장 탁월한 축에 속한다. 그는 본문의 기술적인 문제들과 신학적이며 실천적인 사안들에 대한 신뢰할 만한 안내자이다. 롱맨의 주석인 *Proverbs*, Baker Commentary on the Old Testament Wisdom and Psalms. Grand Rapids: Baker Academic, 2006(『잠언 주석』, CLC)과 *The Fear of the Lord Is Wisdom: A Theological Introduction to Wisdom in Israel*. Grand Rapids: Baker Academic, 2017(『지혜신학 개론』, CLC)도 적극 추천한다. 그리고 롱맨은 "Book of Proverbs 1" in *Dictionary of the Old Testament: Wisdom, Poetry and Writings*, ed., Tremper Longman III and Peter Enns. Downers Grove, IL: InterVarsity Press, 2008에서도 유익한 통찰을 제시하고 있다.

Raymond C. Van Leeuwen. *Proverbs*. The New Interpreter's Bible, vol. 5. Nashville: Abingdon, 1997.

밴 르우윈은 내가 매우 선호하는 잠언 주석가 중 한 명이다. 그는 구약의 여러 문제(문법적인 사안과 신학적인 이슈들을 비롯한)에 관해 심오한 통찰을 보여 주는 동시에 잠언과 정경 전체 사이의 연관성에 크게 관심을 쏟으며, 늘 독자들의 새로운 사고를 자극한다. 나아가서, 그가 지혜의 기독교 세계관적인 성격에 관심을 쏟는 것은 본문의 메시지를 우리의 삶 전체에 적용하는 일에도 많은 유익을 끼친다. 그리고 잠언과 지혜에 관한 그의 여러 소논문 역시 우리의 연구와 가르침에 귀한 도움을 준다. 예를 들면, "Liminality and Worldview in Proverbs 1-9" in *Semeia* 50 (1990)이나 *Dictionary of Theological Interpretation of the Bible*, ed. Kevin J. Vanhoozer. Grand Rapids: Baker Academic, 2005에 실린 그의 두 글 "Book of Proverbs"와 "Wisdom Literature"이다.

Bruce K. Waltke. *The Book of Proverbs: Chapters 1-15*. New International Commentary on the Old Testament. Grand Rapids: Eerdmans, 2004(『잠언 1』, 부흥과개혁사).

잠언에 관한 월키의 작업은 이미 수십 년에 걸쳐 이어져 왔으며, 그의 저서들은 그 본문을 연구하고 가르치는 이들에게 귀중한 자료로 남아 있다. 그의 연구는 본문의 기술적인 측면과 실천적인 사안들을 균형 있게 살피는 동시에, 신학적인 메시지에도 관심을 둔다. 이 작품들은 분명히 시간의 시험을 견뎌 내고, 미래의 여러 세대에도 하나님의 백성에게 풍성한 유익의 원천이 되어 줄 것이다.

MEMO

MEMO

MEMO

MEMO